岩波現代文庫／学術 404

象徴天皇という物語

赤坂憲雄

岩波書店

目　次

II

カバー装画＝堀　浩哉「虚空の中心へ」

序章　神と人間のはざまに

1　大義名分

坂口安吾によって「堕落論」が書かれたのは、一九四六年元旦の、いわゆる昭和天皇の人間宣言から数カ月後のことだ。〝天皇もただ幻影であるにすぎず、ただの人間になるところから真実の天皇の歴史が始まるのかも知れない〟と、安吾はそこに書いた。現人神《あらひとがみ》から人間への歩みを開始したばかりの天皇のゆく末に、思いが凝らされていたはずだ。それから間もなく、天皇は神とも人間とも一線を画される象徴になった。〝天皇は国家の象徴だという言い方もアイマイで、後日神道家の舌に詭弁の翼を与える神秘モーローたる妖気を含んでいるね〟、一九五一年、安吾はそう書いている（「飛鳥の幻」『安吾新日本地理』所収）。

象徴とは何か、象徴としての天皇とは何か……。この問いにたいして、だれをも納得させるだけの明確な答えは、どこにもない。憲法が制定された一九四六年にも、はじめて象徴の冠をいただいた昭和天皇が亡くなり、新しい象徴天皇の即位の大嘗祭が迫りつつある一九九〇年にも、象徴という冠は依然として曖昧で、どこか〝神秘モーローたる妖気〟を孕みながら、天皇の頭のうえに載っかっている。象徴としての天皇は、すくなくとも現人神ではない、そして、ただの人間でもない。象徴はあたかも、人間と現人神のあいだを頼りなげに往還する天皇にあたえられた、一枚の通行許可証とでも呼ぶほかない奇妙なものだ。

ここでは、象徴天皇誕生の時代に生きたひとりの作家・坂口安吾が語った、天皇制論に眼を凝らしてみることにする。安吾が見据えているのは、人間と現人神のあいだをさだめなく浮遊している天皇である。誕生以来、まともにその意味や内実を問われることのないままに留保されてきた象徴としての天皇が、ようやく真正面から問われようとしているいま、安吾の天皇制論はその非イデオロギー性のゆえに、わたしたちのすくなからず熱っぽい頭を冷やしてくれるにちがいない。

天皇制は真理ではなく、また自然でもないが、そこに到る歴史的な発見や洞察において軽々しく否定しがたい深刻な意味をふくんでいる、そう「堕落論」に書きつけたとき、安吾はどこにいたのか。天皇制を擁護する立場ではむろんない。そして、天皇制の廃止や打倒を声高に叫ぶ勢力からも、安吾は遠くはなれた場所にいた。安吾は「人民」や「民衆」といったイデオロギーを振り回すことをしなかった。美的でも詩的でもなく、ただ「人間」にむけたひたすら散文的な信頼に拠って、天皇制の相対化＝無化の途を探ろうとした。いわば、安吾は物書きをなりわいとする単独の思索者に、あくまでとどまったのだ。それはたぶん、とても固有な天皇制との対峙の仕方であったといってよい。

安吾はこんなふうに語っている。

> 私は天皇制に就ても、極めて日本的な(従って或いは独創的な)政治的作品を見るのである。天皇制は天皇によって生みだされたものではない。天皇は時に自ら陰謀を起したこともあるけれども、概して何もしておらず、その陰謀は常に成功のためしがなく、島流しとなったり、山奥へ逃げたり、そして結局常に政治的理由によってその存立を認められてきた。社会的に忘れられた時にすら政治的に担ぎだされてくるのであって、その存立の政治的理由はいわば政治家達の嗅覚によるもので、彼等は日本人の性癖を洞察し、その性癖の中に天皇制を発見していた。
>
> ……

> すくなくとも日本の政治家達(貴族や武士)は自己の永遠の隆盛(それは永遠ではなかったが、彼等は永遠を夢みたであろう)を約束する手段として絶対君主の必要を嗅ぎつけていた。……天皇を拝むことが、自分自身の威厳を示し、又、自ら威厳を感じる手段でもあったのである。
>
> (「堕落論」。以下とくに断らないかぎり傍点は引用者)

安吾によれば、天皇とはなにより政治的に担ぎあげられる存在であった。貴族や武士といった政治支配層は、かれらの永遠の隆盛を約束する手段として天皇を必要とし、天皇を祀りあげることをつうじて支配の正統性を獲得しようとした。しかも、それを可能にしたものは、日本人の性癖のなかに潜む天皇制であったことが語られている。「続堕落論」では、天皇−支配層−民衆の関係が以下のように押さえられている。

> 藤原氏や将軍家にとって何がために天皇制が必要であったか。何が故に彼等自身が最高の主権を握らなかったか。それは彼等が自ら主権を握るよりも、天皇制が都合がよかったからで、彼らは自分自身が天下に号令するよりも、天皇に号令させ、自分が先ずまっさきにその号令に服従してみせることによって号令が更に

よく行きわたることを心得ていた。その天皇の号令とは天皇自身の意志ではなく、実は彼等の号令であり、彼等は自分の欲するところを天皇の名に於て行い、自分が先ずまっさきにその号令に服してみせる、自分が天皇に服す範を人民に押しつけることによって、自分の号令を押しつけるのである。

自分自らを神と称し絶対の尊厳を人民に要求することは不可能だ。だが、自分が天皇にぬかずくことによって天皇を神たらしめ、それを人民に押しつけることは可能なのである。

天皇担ぎあげの構造が、平易な言葉で抉《えぐ》りだされている。そうした支配のシステムとしての天皇制は、避けがたく二律背反の光景をまといつかせずにはいない。もっとも天皇を冒瀆する者がもっとも天皇を崇拝している、というグロテスクな逆説である。それは疑いもなく、藤原摂関家の時代からのありふれた現実であった。天皇の尊厳などはいつだって、天皇を担ぎあげ利用する者らの道具にすぎず、真に実在したためしはなかった。この戦争がそうだった。天皇は知らない、命令もしていない、ただ軍人の意志のみがあった。しかも、その軍人たるや、天皇をないがしろにし、また根底的に天皇を冒瀆しながら、盲目的に天皇を崇拝しているのだ。〃これが日本歴史を一貫する天皇制の真実の相であり、日本史の偽らざる実体なのである〃と、安吾はいう。

天皇を利用したのは、なにも軍部だけではない。安吾によれば、国民の側もまた、みずからの狡猾さ・大義名分の看板を自覚せぬままに、天皇の尊厳のご利益を謳歌していることは、すこしも変わりはしないのだ。

> 昨年八月十五日、天皇の名によって終戦となり、天皇によって救われたと人々は言うけれども、日本歴史の証するところを見れば、常に天皇とはかかる非常の処理に対して日本歴史のあみだした独創的な作品であり、方策であり、奥の手であり、軍部はこの奥の手を本能的に知っており、我々国民又この奥の手を本能的に待ちかまえており、かくて軍部日本人合作の大詰の一幕が八月十五日となった。たえがたきをたえ、忍びがたきを忍んで、朕の命令に服してくれという。すると国民は泣いて、外ならぬ陛下の命令だから、忍びがたいけれども忍んで負けよう、と言う。嘘をつけ！　嘘をつけ！　嘘をつけ！
> 我等国民は戦争をやめたくて仕方がなかったのではないか。竹槍をしごいて戦車に立ちむかい、土人形の如くにバタバタ死ぬのが厭でたまらなかったのではないか。戦争の終ることを最も切に欲していた。そのくせ、それが言えないのだ。

> そして大義名分と云い、又、天皇の命令という。忍びがたきを忍ぶという。何というカラクリだろう。惨めとも又なさけない歴史的大欺瞞ではないか。しかも我等はその欺瞞を知らぬ。（同上）

こうした民衆のなかに潜む心理的欺瞞に醒めていた安吾の眼には、たとえば戦争責任の問題など、いったいどのように映っていたのだろうか。軍部が天皇を冒瀆／崇拝しつつ利用していたように、国民もまた、大なり小なり天皇を利用して敗戦という〝非常の処理〟をおこなったのだ。安吾の眼差しは、そこに、いわば民衆の側からの天皇への依存の光景にしたたかに届いている。民衆を一方的な被害者として免罪し、声高に天皇制の廃止や打倒を叫ぶ人々とは、やはり安吾は一線を画さざるをえない場所にいたのである。当然ながら、戦争責任の問題は幾重にも屈折せざるをえないだろう。

2　ただの人間

敗戦からまもない時期に、昭和天皇は人間／象徴のはざまを揺れ動きながら、精力的に各地を巡行している。この戦後の巡行がはたした社会的な意義については、最近注目されるようになった。昭和天皇の死にさいして、マスコミが流した回顧的なフィルムのなかで、民衆のどよめくような歓呼によって迎えられる天皇の、意外なほどに若々しい姿に接して、わたしは小さな衝撃にうたれた。枯れた老人のイメージしか持ちあわせず、わたしと同様、はじめて眼にした巡行する天皇の姿に奇妙な驚きをおぼえた、戦後生まれの人々が数多くいるのではないだろうか。

一九四九年に発表された「一つの告白」というエッセイのなかで、中野好夫はこの天皇の地方巡行について触れている。中野はこんなふうに書いている、〝敗戦後のあの天皇の人間宣言が、私は国民すべてに正しく理解されて、将来天皇制ということのために発生すべき危険は完全に取り除かれるものと信じた〟(日高六郎編『戦後思想の出発』所収)がゆえに、自分は天皇制廃止論を唱えることはなかった。ところが、それが希望的な観測にすぎなかったことを、その後の事態が続々と教えてくれた、という。

最初はまず地方巡幸の裏切りであった。当初共産党が地方巡幸の政治的影響を指摘して反対した時にも、私は天皇個人の感情に同感してむしろそれに賛成意見を書いたほどであったが、巡幸に伴って見られる、必ずしも単に一部のとは言切れぬ旧態そのままの国民感情表現の事実は、残念ながら私に再考の必要を痛感させた。

次には、不敬罪という旧遺物に関する既成政治家の驚くべき理性喪失である。第一回メーデイにおけるプラカード事件、ついでは「天皇は箒である」事件について、大部分の保守派政党のイキリ立って振りかざしたものは、なんと不敬罪という弾圧武器であった。……だが、事実は事実、天皇が箒である事実は、少しでも地方の実情を知るものなら否定しようにも否定できない厳たる時代錯誤的事実なのである。

坂口安吾もまた、たとえばこんなふうに語っていた。すなわち、〝天皇陛下の行く先々、都市も農村も清掃運動、まったく箒である。陛下も亦《また》一国民として、何の飾りもない都市や農村へ、旅行するのでなければ、人間天皇などとは何のことだか、ワケが分らない〟(「天皇陛下にささぐる言葉」一九四八)と。人間にもどったはずの天皇が、巡行する先々で清掃運動と、地にぬかずき歓呼する民衆によって迎えられることにたいして、安吾は異議を唱えているのだ。

天皇の人気には、批判がない。一種の宗教、狂信的な人気であり、その在り方は邪教の教祖の信徒との結びつきの在り方と全く同じ性質のものなのである。地にぬかずき、人間以上の尊厳へ礼拝するということが、すでに不自然、狂信であり、悲しむべき未開蒙昧の仕業であります。　（同上）

安吾が見ているのは、天皇制の核にある宗教的なるもの、天皇にむける民衆の宗教的な依存感情である。現人神をやめて人間になったはずの天皇が、依然として地にぬかずく民衆によって、人間を越えた存在に祀りあげられていることに、安吾は批判の矢を放った。人間が受ける敬愛は、あるいは人気は、もっと実質的であるべきだ、という。

天皇が人間ならば、もっと、つつましさがなければならぬ。天皇が我々と同じ混雑の電車で出勤する、それをふと国民が気がついて、サアサア、天皇、どうぞおかけ下さい、と席をすすめる。これだけの自然の尊敬が持続すればそれでよい。天皇が国民から受ける尊敬の在り方が、そのようなものとなるとき、日本は真に民主国となり、礼節正しく、人情あつい国となっている筈だ。……

天皇が人間の礼節の限度で敬愛されるようにならなければ、日本には文化も、礼節も、正しい人情も行われはせぬ。（同上）

安吾がここで語っているのは、天皇は人間であれ、といういかにも散文的な主張にすぎない。それにしても、安吾のひたすら散文的な眼差しは、天皇制をめぐる神話にたいしてまったく容赦がない。たとえば、「飛鳥の幻」には、こんな一節がある。

天皇とても同じことだ。しいて万世一系だの正統だのということは、民衆の自然の感情に相応しているものではないのである。ただ原始の、呪術的な神秘思想に相応しているだけさ。歴史的事実としても神代乃至神武以来の万世一系などというものはツクリゴトにすぎないし、現代に至るまでの天皇家の相続が合理的に正統だというものでもない。

こうして万世一系神話を呪術に根ざしたフィクションとして否定しつつ、同時に、安吾はそれゆえに、万世一系の裏返しにすぎない「熊沢天皇」をも退ける。安吾はいう、〝かりに熊沢天皇が南朝の血統たるのみならず、徹底的に合理的な正系であるにしても、民衆の感情は熊沢天皇をうけいれはしないね。民衆の感情にとっては今の天皇が天皇のすべてで、熊沢寛道氏は名古屋の雑貨屋にすぎないのである〟と。血統のほころびの蔭から、数も知れぬ「熊沢天皇」が名乗りをあげたとしても、かれらがみな万世一系の神話をささえる天皇の陰画であるかぎり、なんの意味ももちはしない。

安吾の神話崩しの眼差しは、万世一系を突き抜けて、たとえば、こんな言葉をさりげなくひき寄せてしまう。

天皇というものに、実際の尊厳のあるべきイワレはないのである。日本に残る一番古い家柄、そして過去に日本を支配した名門である、ということの外に意味はなく、古い家柄といっても系譜的に辿りうるというだけで、人間誰しも、ただ系図をもたないだけで、類人猿からこのかた、みんな同じだけ古い家柄であることは論をまたない。

（「天皇陛下にささぐる言葉」）

安吾はあたりまえのことを当たり前に、ごく散文的に語っているにすぎない。しかし、この天皇制を相対化＝無化しようとする安吾の意志は、たいへん硬質であり、根底的《ラディカル》である。党派性やイデオロギーとは無縁であるだけに、安吾の曇りなき散文精神は、天皇制という問題の基層をあっさり掬いとることに成功している。

安吾の時代からは四十数年がすぎた。安吾はあの時代にあっても、そのしたたかな散文精神において固有な、思索の単独者であったのかもしれない。それにしても、安吾にはあたりまえに見え、また語ることのできた天皇制をめぐるさまざまな事象が、いまは逆に、見えにくく語りにくくなっている気がする。あらためて安吾のいた場所に立ちもどってみることも、あるいは有効であるかもしれない。天皇が〝ただの人間になるところから真実の歴史が始まる〟のだ、――と。

I

第一章　象　徴

1　人間宣言

一九四六年元旦、国破れ焦土と化した街や村にうごめく民人《たみひと》にむけて、現人神としての天皇の最後のミコトノリが伝えられた。のちに「人間宣言」と名付けられることになる年頭の詔書である。

そのよく知られた一節——、

然レドモ朕ハ爾等《ナンヂ》国民ト共ニ在リ、常ニ利害ヲ同ジウシ休戚ヲ分タント欲ス。朕ト爾等国民トノ間ノ紐帯ハ、終始相互ノ信頼ト敬愛トニ依リテ結バレ、単ナル神話ト伝説トニ依リテ生ゼルモノニ非ズ。天皇ヲ以テ現御神《アキツミカミ》トシ、且日本国民ヲ以テ他ノ民族ニ優越セル民族ニシテ、延テ世界ヲ支配スベキ運命ヲ有ストノ架空ナル観念ニ基クモノニ非ズ。

一九七七年夏、天皇は記者会見のなかで、この「人間宣言」の主眼は、前段に引かれた「五箇条の御誓文」により、明治天皇がすでに早く民主主義を説いていることの強調にあり、神格の否定は副次的な問題であった、と語っている。しかし、それは一九四六年元旦には疑いもなく、天皇自身がみずからの神格化を否定した「人間宣言」として、大方の日本人によって受容された。

宣言がもたらしたはずの衝撃の質がいかなるものであったのか、象徴天皇制を自明なものとして生きてきたわたしたち戦後生まれの者らには、いささかわかりにくい。日高六郎の編になる『戦後思想の出発』から、「人間宣言」に関わるとおもわれる記述をいくつか拾ってみる。

詩人の三好達治は、〝陛下が現人神にあらせられぬことは陛下自らがお認めになったから間違いはあるまい。神にましまさぬ陛下は、人の子として、人の世の道理にお従いになるのがよろしい〟（「なつかしい日本」一九四六・六）と、人間としての天皇に人間としての責任（敗戦の責任）を問い、すみやかな退位を鋭く迫った。また、加藤周一は荒井作之助のペン・ネームで『東大新聞』に、〝現神と云う思想は今年からなくなったが、昨年まで、廿世紀《にじっせいき》の都会に、白昼堂々と現神が存在すると云う程突飛な不合理が、凡そ考え得られたであろうか〟（「不合理主義の源泉」一九四六・三）と書き、天皇制の廃止を唱えた。

同じ頃、折口信夫はある民俗学講座のなかで、こんなふうに語っている。

> 「天子」はデリケートなので、まちがえずに聞いてもらいたい。われわれにとって大事なことだ。天子を「あらひと神（現人神）」という。現人神は生き神だとするのを「天子即神論」、そうでないとするのを「天子非即神論」と名付けている。私は天子非即神論をとっている。しかし、これは恥ずかしいが、ごく最近まで、戦争がすむまで、天子即神論だった。われわれのしていた学問の伝統が近代そうなって、それが強力にわれわれの頭を支配したからである。維新のときそのほうに注がれたからだ。それまで生き神は譬喩の意味があったのだが、江戸末から維新までに現実化したのである。
>
> （「神道観の改革」一九四六・一一、全集ノート編追補第一巻所収）

折口はここで、たいへん率直に天子即神論から天子非即神論への転向を認めている。

その背後には、天皇みずからが現人神＝生き神たることを否定した「人間宣言」が、その圧倒的に重い衝撃が横たわっていたはずだ。天皇はすでに飛鳥・藤原の時代に神ではなく、人間であった、生き神が比喩ではなく実体と化したのは、幕末維新の頃のことだ、と折口はいう。

いずれにせよ、一九四六年元旦の詔書によって、天皇は否応なしに、みずからの足で人間界に降りたつことになった。生ける現人神から、生ける一個の人間へ。しかし、いまだ一九四六年の天皇は、象徴という曖昧模糊とした衣裳をまとっていない。ちまたを浮遊しはじめた、神でも象徴でもない、ただの人間である天皇。天皇が、天皇制がいったいどこへ向かおうとしているのか、さだかな展望をもつ者とてなく、人間のかたちをした天皇は、存続を願う声と廃止を唱える声のはざまをたよりなげに彷徨しつづける。それがたぶん、一九四六年の天皇であった。

2　精神的権威

『世界』一九四六年四月号に、ひとつの論文が異例な編集者の長文のあとがきとともに掲載された。津田左右吉の「建国の事情と万世一系の思想」（以下、「建国の事情」

と略す。『日本上代史の研究』所収)である。戦前、その実証的な神話研究のために厳しい弾圧をこうむった津田の、この論文は、皮肉にもかつて津田を危険な自由主義者として排撃した勢力によって、圧倒的な支持をうけた。それは、天皇制もしくは皇室擁護の議論として、非常に大きな影響力をもったといわれる。

いま、四十数年を経て、そのときいまだこの世に生を享けていなかったわたしがその論考を読みかえしてみるとき、そこに流れるある不可解な情熱に足元をすくわれる思いがする。津田の論考は、一九四六年の一月に、したがって「人間宣言」の直後に執筆された。津田左右吉はおそらく、神格を否定し人間にもどった天皇を、それゆえにこそ肯定し擁護するために、厳しい決意と使命感をもって一気にその論考を書き下ろしたものにちがいない。のちに象徴天皇制へと輪郭を整えてゆく、天皇制を大衆的にささえてきた(そして、ささえている)精神史的基層が、実証史家の眼差しにおいて骨太く理論化され、析出されている。津田のこの論考が、象徴天皇制をかんがえるためには避けて通れぬ重要な関門であることは、否定しがたい。

それにしても、いまそこかしこに氾濫する天皇制論とは比較にならぬほどに、「建国の事情」は清澄な緊張感に浸されている。末尾は、以下のように結ばれる。

国民みづから国家のすべてを主宰すべき現代に於いては、皇室は国民の皇室であり、天皇は「われらの天皇」であられる。「われらの天皇」を美しくするのも、しないのも、国民であり、そこに皇室が国民の皇室であられる所以がある。「われらの天皇」はわれらが愛さねばならぬ。国民の皇室は国民がその懐にそれを抱くべきである。二千年の歴史を国民と共にせられた皇室を、現代の国家、現代の国民生活に適応する地位に置き、それを美しくし、それを安泰にし、さうしてその永久性を確実にするのは、国民みづからの愛の力である。国民は皇室を愛する。愛するところにこそ民主主義の徹底したすがたがある。……さうしてまたかくのごとく皇室を愛することは、おのづから世界に通ずる人道的精神の大なる発露でもある。

津田はここで、高らかに「われらの天皇」と民主主義の共存共栄を謳いあげた。象徴天皇制の先取りといってよい。この結論にいたるまでの筋道は、けっして晦渋な文章ではないにもかかわらず、了解しにくい。たぶん皇室への愛という前提条件を受けいれた瞬間に、すべてが腑に落ちるといった性質のものなのだが、わたしは別の回路を辿って津田の言説の内側に入りこむほかはない。

論考全体の方位ははっきりしている。津田は明治より敗戦にいたるまでの時期の天皇のありようを、歴史上異例なものとして斥け、天皇(皇室)と国民の関係を古代以来の歴史のなかに位置づけなおし、修復しようとする。言葉をかえれば、〝天皇制といふ新奇な語を用ゐつゝ、その廃止を主張する〟勢力にむけた、実証史学の装いのもとでの批判ということだ。当然なことに、皇室つまり天皇制の擁護に主眼がおかれ、そのためにのみ歴史は掘りかえされることになる。

津田は天皇の神格化を否定する。天皇は超越的な神に代わって、あるいは神の権威にもとづいて政治をおこなうわけではないし、また、ただの人とは違った神であったり神秘性をおびているわけでもない。現つ神の呼称は、天皇が宗教的崇拝の対象つまり神として仰がれたことを意味しない。〝日本の昔には、天皇崇拝といふようなことは全く無かつた〟と、津田はいう。ここに、一九四六年元旦の「人間宣言」の直接的な反照を見いだすのは容易だ。津田にとって、神としての天皇は明治以降の誤まれる教育の産物であり、歴史のなかの天皇はすでに早く神格化の域を脱していた。

政治的君主が宗教上の地位をもつてゐるといふことは、極めて古い原始時代の風習の引きつゞきであらうと考へられるが、その宗教上の地位といふのは、民衆

> のために種々の呪術や神の祭祀を行ふことであり、そのようなことを行ふところから、或る場合には、呪術や祭祀を行ひ神人の媒介をする巫祝が神と思はれることがあるのと同じ意味で、君主みづからが神としても考へられることがある。天皇が「現つ神」といはれたことの遠い淵源と歴史的の由来とはこゝにあるのであらうが、しかし今日に知られてゐる時代の思想としては、政治的君主としての天皇の地位に宗教的性質がある、いひかへると天皇が国家を統治せられることは、思想上または名義上、神の資格に於いてのしごとである、といふだけの意義でこの称呼が用ゐられてゐたのであつて、「現つ神」は国家を統治せられる、即ち政治的君主としての、天皇の地位の称呼なのである。天皇の実質はどこまでも政治的君主であるが、その地位を示すために歴史的由来のあるこの称呼が用ゐられたのである。

たいへん微妙な言い回しが択ばれている。現つ神の意義は、〝政治的君主としての天皇の地位に宗教的性質がある〟ことだとされる。いわば、天皇のマツリゴトの重心はあくまで政治にあり、祭事(神事)にあるのではない、政事《マツリゴト》は祭事《マツリゴト》を内に包摂している、といった理解であろうか。たとえば、折口信夫的なマツリゴト論とは真っ向から対立するにせよ、津田の文脈のなかでは首肯されるところだ。

問題は、天皇の国家統治を、〝思想上または名義上、神の資格に於いてのしごと〟としている点である。現つ神に関して、〝神に代つて〟あるいは〝神の権威によつて〟といった意義を否定した津田の理解と、〝神の資格に於いて〟という表現は、微妙な齟齬を来たしている。津田はたぶん、そのうえに冠された〝思想上または名義上〟なる修飾句に重心をかけたのだが、ある亀裂が癒しがたい傷のように覗けていることは否定できない。

天皇制をふくめて王権について論じられる場合、ふつうには政治的権力／宗教的権威の分離や統合がいわれる。津田自身が「建国の事情」と対をなす論考のなかで、古代の群立する小国家の首長に関して、こう述べている、〝この小国家の君主は、政治的権力と共に宗教的権威をもつてゐたらしく、種々の呪術や原始的な宗教心のあらはれとしての神の祭祀やが、その配下の民衆のために、かれらによつて行はれ、それが政治の一つのはたらきとなつてゐた〟（「上代における国家統一の情勢」『日本上代史の研究』所収）と。古代小国家の首長が政治的権力／宗教的権威をともにおびることが指摘され、しかも、後者の宗教的権威が〝政治の一つのはたらき〟とされるところに、津田に固有の理解が覗けている。ヤマトの皇室についても、この論考では、〝君主の地位に伴つてゐる宗教的権威のはたらき〟がいわれている。

ところが、津田は「建国の事情」では一貫して、〝精神的権威〟という言葉を使っている。神格化された天皇を否定しつつ、人格化された天皇を擁護しようとするところに、〝精神的権威〟なる術語《ターム》は重要なキーワードとして登場してくる。あたかも越えがたい論理の矛盾を、言葉の詐術によって無化してみせるかのように。

すべての人に知られてゐた天皇の宗教的な地位とはたらきとは、政治の一つのしごととして、国民のために大祓のような呪術を行はれたりいろいろの神の祭祀を行はれたりすることであつたので、天皇が神を祭られるといふことは天皇が神に対する意味での人であることの明かなしるしである。日常の生活がかういふ呪術や祭祀によつて支配せられてゐた当時の人々にとつては、天皇のこの地位と任務とは尊ぶべきことであり感謝すべきことであるのみならず、そこに天皇の精神的の権威があるように思はれた。

天皇は政治的なはたらきとして、国民のために呪術・祭儀にたずさわり、神を祀った。それは天皇が古代にも人間であった証しであると同時に、そこに天皇の〝精神的権威〟が胚胎していた、とされる。古代小国家の首長については、同じ文脈で宗教的権威がいわれていたものが、ここではあえて〝精神的権威〟と置き換えがなされているのだ。論理は奇妙にねじれ、屈折している。天皇を神として否定しつつ、人間として救済せねばならぬという、ひき裂かれた立場ゆえに、だ。

津田が語っているのは、あきらかに神をまつる祭祀者としての天皇の姿である。そのとき天皇が身にまとったものは宗教的権威そのものであって、たぶんに近代合理主義の匂いを漂わせる、〝精神的権威〟といった高度に抽象的な衣裳ではない。しかも、神と神をまつる者が融合・混乱して、神の権威をよろった祭祀者が天空へと押しあげられ神を僭称することが、日本古代の信仰の政治的性格である、と語った益田勝実の「廃王伝説」(『火山列島の思想』所収)を念頭におくならば、神をまつる者であったことを古代の天皇の人間たる所以とみた津田の理解にも、留保をつける必要があるにちがいない。

津田はまた、こうのべている――〝注意すべきは、精神的権威といつてもそれは政治的権力から分離した宗教的権威といふようなものではない、といふことである。それはどこまでも日本の国家の政治的統治者としての権威である。たゞその統治のしごとを皇室みづから行はれなかつたのみであるので、精神的といつたのは、この意義に於いてである〟と。津田のいう〝精神的〟は、どうやら実質的とか直接的とかの反意語であるらしい。しかも、〝精神的権威〟は政治的権力と対をなす宗教的権威ではなく、〝国家の政治的統治者としての権威〟であるという。津田の秘せられた意図は、神格化や宗教性を拒みつつ、〝精神的〟な帰依の対象としてのみ、天皇を政治的権力のすぐかたわらか背後におくことであっただろうか。

津田は別の論考で、ほぼ同様のことを次のように語っている、〝天皇ははじめから神ではない人であられ、神権などを背後にもたれない日本の国家の政治的君主、たゞしみづから政治の局に当られない政治的君主、であられた〟(「日本の皇室」全集第二三巻所収、一九五二)――。あらわな宗教性を脱色した人間天皇を擁護し、神に祀りあげられた戦前の天皇を否定した津田が、それにもかかわらず天皇を政治的統治者＝君主として位置づけることに固執したのは、いったいなぜなのだろうか。神権をもたず、自身は政局にたずさわることもない政治的君主などといえば、傀儡をあやつる黒幕的な「陰の帝王」でも頭に浮かべるほかはない。天皇が宮中奥深くに幽閉され神事《かみごと》にしたがうことをつねとする、いわば祭祀者の性格を主要におびる存在であったことをおもえば、津田が論理矛盾を犯してまで執着したイメージは、歴史のなかの天皇の現実に根を降ろしていないというべきだろう。

わたしはそこに、ついに宗教としての天皇制を視野の内側にくりこむことができなかった津田史学の方法的限界をみるが、いずれあらためて問うべき課題として残しておく。それにしても、〝精神的権威〟なる言葉が、津田の言説のひび割れ箇所に流しこまれた漆喰にも似たはたらきをしていることだけは、あきらかに窺えるはずだ。

3　二重政体

あるいは、津田の論考「建国の事情」は、天皇不親政論を歴史的な側面から基礎づけた先駆的な仕事としても注目される。

> 六世紀より後に於いても、天皇はみづから政治の局には当られなかつたので、いはゆる親政の行はれたのは、極めて稀な例外とすべきである。……さうして事実上、政権をもつてゐたものは、改新前のソガ(蘇我)氏なり、後のフヂハラ(藤原)氏なり、タヒラ(平)氏なり、ミナモト(源)氏なり、アシカヾ(足利)氏なり、トヨトミ(豊臣)氏なり、トクガハ(徳川)氏なりであり、いはゆる院政とても天皇の親政ではなかつた。政治の形態は時によつて違ひ、或は朝廷の内における摂政関白

などの地位にゐて朝廷の機関を用ゐ、或は朝廷の外に幕府を建てて独自の機関を設け、そこから政令を出したのであり、政権を握つてゐたものの身分もまた同じでなく、或は文官であり或は武人であつたが、天皇の親政でない点はみな同じであつた。……この意味において、天皇は政治上の責任の無い地位にゐられたのであるが、実際の政治が天皇によつて行はれなかつたから、これは当然のことである。天皇はおのづから「悪をなさざる」地位にゐられたことになる。皇室が皇室として永続した一つの理由はこゝにある。

津田によれば、政治的権力を握る者がその家系と政治形態とは変わりながらも、つねに天皇(皇室)の下に存在する、こうした〝一種の二重政体組織〟が古来より続いてきた。それは〝世界に類の無い国家形態〟である、とされる。世界に類がないか否かはおくとしても、権威/権力がそれぞれ天皇/支配階層とで分掌される二重政体が、ほぼ歴史時代をつうじて存続してきたことは否定できない。

天皇はたしかに、いくつかの「例外」状況をのぞけば、ほぼ不親政を常態としてきたといえるかもしれない(第三章を参照のこと)。それにしても、こうした不親政論が、この時期に、〝天皇は政治上の責任の無い地位にゐられた〟とする理解と対をなして登場していることに、関心をそそられる。津田がこの論考を執筆していた時期は、一九四六年の一月末から二月にかけてといわれる。一月十九日には、マッカーサーによって、極東国際軍事裁判所の設置指令が出されており、それと関連して天皇の戦争責任の有無が最大の焦点になろうとしていた時期である。津田の不親政論が、天皇その人には戦争責任はむろんのこと、いっさいの政治的な責任がないことを論証しようとする隠されたモチーフを有していたことは、おそらく想定して誤まりではない。

直接には政局にあたらぬ不親政の天皇は、〝事実上の君主ともいふべき権力者〟にたいしては、〝弱者の地位〟にあったので、それぞれの時代の政治形態に順応せざるをえなかった、と津田はいう。それにもかかわらず、天皇は国家の政治的統治者＝君主であり、そこにまつわりつくのが〝精神的権威〟であったのだ。政治上の責任のない政治的統治者、という了解しにくいひき裂かれたイメージ。津田は先の引用に続けて、〝精神的権威〟についてこんなふうに説いている。

しかし皇室の永続したのはかゝる消極的理由からのみではない。権家はいかに勢威を得ても、皇室の下に於ける権家としての地位に満足し、それより上に一歩をもふみ出すことをしなかつた。そこに皇室の精神的権威があつたので、その権威はいかなるばあひにも失はれず、何人もそれを疑はず、またそれを動かさうとはしなかつた。これが明かなる事実であるが、さういふ事実のあつたことが、即ち皇室に精神的権威のあつたことを証するものであり、さうしてその権威は上に述べたような事情によつて皇位の永久性が確立して来たために生じたものである。

天皇がおびるとされる〝精神的権威〟をめぐって、奇怪な同義反復《トートロジー》が語られている。津田によれば、〝精神的権威〟は皇室の永続性の原因でもあり、結果でもあった。しかし、津田の議論にとってもっとも致命的なのは、たとえば王権の宗教的権威をささえたのが多くの場合、伝統的に王位継承者によって受け継がれてきた呪術・祭儀（——天皇の場合には、大嘗祭および新嘗祭などの宮廷祭祀）であるのにたいし、皇室の〝精神的権威〟をささえる物質的基盤や背景が何ひとつあきらかにされていない点だ。くりかえすが、津田の議論の核心であると同時にアキレス腱にもなっているのはたぶん、この〝精神的権威〟であるといってよい。

ところで、津田は明治維新を、二重政体を否定し天皇のもとに権威／権力を一元的に帰属させ、天皇親政の制を定めようとした政治改革とみなしている。事実、天皇は〝国ノ元首ニシテ統治権ヲ総攬シ此ノ憲法ノ条規ニ依リ之ヲ行フ〟と法的に規定される、立憲君主であった。しかも同時に、〝天皇ハ神聖ニシテ侵スヘカラス〟と絶対不可侵の場所に隔離された。そのうえで維新政府や軍部は巧妙に、許容範囲のギリギリまで天皇の絶対的な権威と名目的な権力を利用し、天皇の名においてあらゆる専権をふるったのだ。

天皇親政は近代に文字通りに実現したとはいえない、あくまで形式的なレヴェルにとどまる。津田自身も認めているところだ。たとえば、〝実際において政治を左右する力をもつてゐたいはゆる藩閥〟といった表現、あるいは〝このような為政者の態度は、実際政治の上においても、憲法によつてさだめられた輔弼《ほひつ》の道をあやまり、皇室に責任を帰することによつてしばしば累をそれに及ぼした〟といった記述は、それを語っているはずだ。むしろ、明治維新によって確立し軍部のファッショへと突きすすめられた近代天皇制は、津田のいう二重政体の必然的な帰結であり、その、ある意味では完成形態であったのかも知れない。天皇の権威のもとでの近代化とその帰結としての敗戦は、例外的な天皇親政の挫折ではなく、古代以来の二重政体（——それが「国体」と呼ばれたものの実態だろうか）そのものの無残な挫折であった、ということだ。

津田の「建国の事情」が公にされた翌月、つまり一九四六年五月の『世界』に、丸山真男の「超国家主義の論理と心理」（『増補版　現代政治の思想と行動』所収）という論考が掲載された。三島由紀夫によって、〝天皇制国家へのルサンチマンに充ちたかのごとき〟(「文化防衛論」)と評された、この丸山の論考は、およそ津田の問題意識やモチーフとはかけはなれた異質なものだが、同時に奇妙な一致がみられることに注意したい。たとえば、丸山はこう書いている。

> 幕末に日本に来た外国人は殆ど一様に、この国が精神的君主たるミカドと政治的実権者たる大君(将軍)との二重統治の下に立つていることを指摘しているが、維新以後の主権国家は、後者及びその他の封建的権力の多元的支配を前者に向つて一元化し集中化する事に於て成立した。「政令の帰一」とか「政刑一途」とか呼ばれるこの過程に於て権威は権力と一体化した。

ここでは、天皇と将軍の関係が、精神的君主／政治的実権者として押さえられている。この、津田の二重政体論をおもわせる二重統治論は幕末にかぎっていわれている。〝精神的《スピリチュアル》〟という形容自体は、おそらく出典があるものだ。わたしの関心は、丸山がこの論考で一貫して、天皇の権威をめぐって、同じ〝精神的〟という形容詞を使用していることだ。たとえば、〝国家主権が精神的権威と政治的権力を一元的に占有する〟

とか、〝究極的権威への親近性による得々たる優越意識と同時に、そうした権威の精神的重みをすぐ頭の上にひしひしと感じている一人の小心な臣下の心境〟とかといったものだ。以下の一節にも、〝精神的権威〟という言葉がみえる。

明治維新に於て精神的権威が政治的権力と合一した際、それはただ「神武創業の古」への復帰とされたのである。天皇はそれ自身究極的価値の実体であるという場合、天皇は……決して無よりの価値の創造者なのではなかった。天皇は万世一系の皇統を承け、皇祖皇宗の遺訓によって統治する。……かくて天皇も亦、無限の古にさかのぼる伝統の権威を背後に負っているのである。天皇の存在はこうした祖宗の伝統と不可分であり、皇祖皇宗もろとも一体となってはじめて上に述べたような内容的価値の絶対的体現と考えられる。

あきらかに方位は異なる。天皇制の擁護/批判の両極から歩みをはじめた津田と丸山が、このとき天皇のおびる伝統的権威を〝精神的〟とみなす理解において、不可思議な遭遇を果たしている。たとえ、その言葉が孕んでいる意味は、まるで異質なものであるにせよ。丸山の分析は疑いもなく傑出した内容を含むものだが、しかし、宗教としての天皇制をみずからの視野に繰りこむことができぬ、近代の合理主義的知性の限界を感じざるをえない。天皇の権威の根っこは、やはり深々と宗教的なるもの・呪術的なるものに浸されている。〝精神的〟な側面はあくまで表層のものだ。

4　生きた象徴

さて、津田の論考に見いだされる第一の亀裂が、〝精神的権威〟をめぐる問題であったとすれば、第二のより本質的ともいえる亀裂は、皇室と民衆との関係をめぐって露出している。

こんな一節がある――、

> ところで、皇室の権威が考へられるのは、政治上の実権をもつてゐる権家との関係においてのことであつて、民衆との関係においてではない。皇室は、タイカの改新によつて定められた耕地国有の制度がくづれ、それと共に権家の勢威がうち立てられてからは、新に設けられるようになつた皇室の私有地民の外には、民衆とは直接の接触はなかつた。いはゆる摂関時代までは、政治は天皇の名におい

て行はれたけれども、天皇の親政ではなかつたので、従つてまた皇室が権力を以て直接に民衆に臨まれることはなかつた。後になつて、皇室の一部の態度として、ショウキユウやケンムのばあひの如く、武力を以て武家の政府を覆へさうといふ企ての行はれたことはあつても、民衆に対して武力的圧迫を加へ、民衆を敵としてそれを征討せられたことは、たゞの一度も無かつた。もつとも一方に於いては、一般民衆は皇室について深い関心をもたなかつたのであるが、これは一つは、民衆が政治的に何等の地位をももたず、それについての知識をももたなかつた時代だからのことでもある。

津田はここで、はからずもすぐれた実証史家としての素姓をあらわにみせている。天皇の権威つまり〝精神的権威〟は、政治的権力を握る階層との関係においてのみ力を発揮するのであり、それは民衆のあずかり知らぬことであったのだ。民衆は天皇によって直接に、武力的圧迫を加えられるといった歴史をもたぬ（すくなくとも古代律令制以後は——）と同時に、天皇に深い関心をさし向けることもなかったのである。

それでは、民衆と天皇との関係が大きな転回をみせるのはいつか。津田によれば、それは明治維新である。津田は書いている、〝幕府が消滅し、封建諸侯と武士とがその特殊の身分を失つて、すべての士民は同じ一つの国民として融合したのであるから、この時から後は、皇室は直接にこの一般国民に対せられることになり、国民は始めて現実の政治において皇室の存在を知ることになつた〞と。

天皇はそれを擁する藩閥勢力によって煩雑かつ冷厳な儀礼的雰囲気のうちに閉ざされ、国民は皇室にたいして親愛の情をいだくよりは、その権力と威厳とに服従するようにしむけられた。学校教育のなかで、万世一系の皇室をいただく国体の尊厳が教えられ、民衆はそれによってはじめて、皇室の万世一系であること、皇位の永久性を知るようになった。いずれにせよ、民衆のうえに天皇の権威がおよんだのは明治以後のことだ、と津田はかんがえている。

ここまでは、実証史家としての津田の透徹した認識が語られている。不意に均衡が破られるのは、次の瞬間だ。

津田はいう、〝皇室は国民の生活とその進展との妨げとなるやうな行動をとられたことが、むかしから今まで一たびも、無かつたので、国民が皇室の永久性を信じたのも、つまるところ、ここにその淵源がある〞と。はたして、そうであったか。民衆が皇室の永久性を、また万世一系の神話を知ったのは、明治よりこの方の教育勅語と神話教育のなかにおいてではなかったか。津田自身が語っていたところだ。津田はいう、

〝「われらの天皇」はわれらが愛さねばならぬ。国民の皇室は国民がその懐にそれを抱くべきである。二千年の歴史を国民と共にせられた皇室を……〟と。はたして、そうであったか。津田自身がくりかえし、明治以前には民衆と天皇との関係がたいへん稀薄であったことを語っていたのではないか。皇室が〝歴史を国民と共にせられた〟のは、たかだか一世紀にも満たぬ時間であったはずだ。

神代から万世一系の天皇も、二千年の歴史を国民とともにしてきた皇室も、歴史家・津田左右吉の眼差しには一片の幻想としか映らぬはずだが、このとき、津田はもはや歴史家であることを超えている、あるいは歴史家としては死んでいる。歴史のなかには不在であったはずの「われらの天皇」は、ある理念的な選択としてここに登場しているということだ。

近代がはじまるとき、遠い雲上界の存在ゆえに、それまでほとんどその存在を知られることのなかった天皇が、民衆のなかに「われらの天皇」という幻想《イデオロギー》をまといつつ降ろされていった。この、あきらかな政治的作為の所産が、津田によって〝歴史をもつてゐる国民の自然の欲求〟へと転倒される。作為はつねに自然の仮象をもってやってくる。それがわたしたち日本人の思考の癖《パターン》であることは、あえて指摘するまでもあるまい。

津田は末尾ちかくで、天皇制と民主主義の共存共栄を熱っぽく説いている。以下のくだりだ。

この思想〔民主主義をさす、引用者註〕と国家の統治者としての皇室の地位とは、皇室が国民と対立する地位にあつて外部から国民に臨まれるのではなく、国民の内部にあつて国民の意志を体現せられることにより、統治をかくの如き意義に於いて行はれることによつて、調和せられる。国民の側からいふと、民主主義を徹底させることによつてそれができる。国民が国家のすべてを主宰することになれば、皇室はおのづから国民の内にあつて国民と一体であられることになる。具体的にいふと、国民的結合の中心であり国民的精神の生きた象徴であられるところに、皇室の存在の意義があることになる。さうして、国民の内部にあられるが故に、皇室は国民と共に永久であり、国民が父祖子孫相承けて無窮に継続すると同じく、その国民と共に、万世一系なのである。

〝国民的結合の中心であり国民的精神の生きた象徴〟と、津田はいう。日本国憲法第一条の〝日本国民統合の象徴〟なる表現が、その意味合いは曖昧であれ、耳慣れたものであるわたしたちには実感しにくいことだが、象徴という言葉はけっして自明のものではなかった。おそらくは、津田左右吉より前に、天皇の属性を表わすための言葉として公に象徴の語を用いた日本人は皆無に近かったのだ。もっとも象徴規定の由来に関しては、GHQ周辺の複数のグループの関与が想定されており、また、日本サイドのいくつかの憲法草案のなかにも象徴の語が見いだされるともいう(中村政則『象徴天皇制への道』)。

津田の憲法作成過程への関わりの有無があきらかにされていない以上、「建国の事情」にみえる〝生きた象徴〟なる表現と憲法の条項をつなげて論じたい誘惑は、差し控えねばなるまい。が、いずれにせよ、津田がここで意志すると否とにかかわらず、象徴天皇制のある理念的な先取りをおこなっていたことだけは、認めざるをえないはずだ。〝国民的結合の中心であり国民的精神の生きた象徴〟というイメージは、かぎりなくオプティミスティックに語られた象徴天皇制の原像ともいうべきものだ。それが、あたかも「人間宣言」に呼応するかのように書かれたということに、大いに関心を惹かれる。

津田が理念として思い描いたのは、天皇を国民統合の生きた象徴としていただき、政治的権力が一部に独占されることなく国民のすべてに分掌されているといった、民主主義と天皇制とが共存共栄する光景であっただろうか。古代以来の、世界に類のないと信じられた二重政体は民主主義の徹底とともに解体され、民衆と天皇制との直接的な親和に浸された関係が生まれる（このあたり、津田の言い回しは曖昧だが――）。そのとき、民衆は「われらの天皇」への愛を語ることができる。それは、〝おのづから世界に通ずる人道的精神の大なる発露〟ともなるだろう、そう津田は語った。

こうして一九四六年一月に書かれた津田左右吉の論考「建国の事情」を辿ってくると、象徴天皇制を占領軍のお仕着せのようにかんがえることが、あきらかに誤まりであると知られる。津田が歴史家としての自死とひきかえにしてまで掬いあげてみせたのは、作為としての近代天皇制を「われらの天皇」として受容することを強いられてきた民衆のなかに、ほとんど〝自然の欲求〟のような貌《かお》をもって潜んでいた、天皇という絶対的権威への帰依の感情であり、〝精神的〟な愛であったはずだ。そうした民衆の心情を否定することはたやすいが、思想の力において無化することは依然として容易な業《わざ》ではない。

いずれであれ、一九四六年元旦の天皇の「人間宣言」の直後に書かれた津田の論考のなかに、のちに象徴天皇制と呼びならわされることになる制度が原像としてしめされ、しかも、それはある牧歌的な理念として選択されたものであったということを記憶しておきたい。津田左右吉はいうまでもなく、戦前・戦中をつうじて神格化された天皇から距離をとることができた、数少ないすぐれた知識人の一人であった。その津田が「人間宣言」から間をおかずに、まるで宣言に呼応してその理論的肉付けを意図するかのような論考を書き、人間にもどった天皇に象徴という理念を吹きこむことになるとは、いったいだれが予想しただろうか。

ひどく逆説的な光景のように映る。が、たぶんそれは津田自身にとってはすこしも逆説ではなかったのだ、という気がする。津田は「建国の事情」を担当した編集者に、〝「われらの皇室」という思想は、三十年来いだいて来た思想〟だと語った、という(吉野源三郎『職業としての編集者』)。現人神から人間へと、敗戦をはさんで天皇が劇的な変化《へんげ》を遂げていったとき、津田はどこか昏がりに立ち尽くしたまま、それを凝視していた。津田は足を踏みしめるべき位置を半歩もズラしていない。津田自身が「転向」したのではない、時代のほうが「転向」したのである。時代の「転向」といった表現に異和を覚えるならば、むしろ、津田は頑なに同じ場所に立ち尽くしていたがゆえに、時代によって「転向」という場所に追いやられてしまったのだ、といってもよい。

第二章　全体意志

1　象徴天皇制

わたしたち戦後生まれの者らの前に、象徴天皇制という名の曖昧な制度は、なかばは忌み物として、なかばは自明なものとして、打ち棄てられたように存在していた。それは真正面から問われてはならぬ対象であると同時に、空気のようにただそこにあって、疑問をさしはさむ余地のない対象であった。いっさいの問いを封じこめ吸収し尽くす、まるでブラックホールのように奇怪な代物、それが象徴天皇制であったともいえる。

日本国憲法とともに象徴天皇制が誕生したときには、おそらく将来そこに吹きこまれるべき新しい天皇制の像《イメージ》に関して、あきらかな見通しをもつ者はほとんどいなかったはずだ。憲法が決着をつけたのはただ、天皇制は廃止されるべきか／存続させられるべきか、の選択だけである。ＧＨＱの強制によるものであれなんであれ、危うい瀬戸際の選択にしたがって、とにかく天皇制は戦後社会にも生き延びてゆくことになった。

象徴としての天皇。それは、明治維新以来の現人神を演じる天皇が否定されてのちの、ある過渡的な形であり、その根幹は現人神の名残りと、昭和天皇の特異なカリスマ性によってささえられていた。いわば昭和天皇のカリスマ性を背後にもつことで、象徴天皇制は曖昧であることを許され、むしろ曖昧に問われぬまま捨て置かれることをこそ、存在の要件＝理由としてきたのだ。そして、昭和天皇の死は局面を大きく展開させた。いま、人格的支柱をうしなった象徴天皇制は、曖昧であることが最大の弱点と化しつつあるかにみえる。曖昧なままに放置され、支えとなる鮮明なヴィジョンが生み出されぬかぎり、確実に象徴天皇制は形骸化してゆくだろう。

とはいえ、曖昧なものではあれ、象徴天皇制をささえるイデオロギーの系譜とでもいうべきものが存在する。その流れのなかで、平成以後の新しい天皇制のイメージも形造られてゆくことになるはずだ。それゆえ、そうしたイデオロギーの系譜を検証すること、とりわけ象徴天皇制の誕生に前後する時期における、一群の思想家たちの論考に光を当てることが重要な課題として浮かびあがる。たとえば、津田左右吉・和辻哲郎・美濃部達吉・安倍能成といった人々を頭に浮かべているが、かれらがいずれも大正デモクラシーや自由主義にすくなからぬ関わりをもった思想家たちであることは、むろん偶然ではない。象徴天皇制の思想的な生みの親ともいうべきは、戦前に天皇制から距離をとり、むしろ醒めた眼差しを保ちえたがゆえに軍部の弾圧を蒙ることのあった、いわゆる自由主義者かそれに近い人々であったのだ。この逆説はしたたかに重い。

しかし、たとえば津田左右吉と和辻哲郎をならべて、自由主義者として括ることにはいささか無理があるかもしれない。戦中・戦後に二人が置かれていた状況は、かなり異質なものだ。津田が戦中に『古事記及日本書紀の研究』と『神代史の研究』によって、皇室の尊厳を冒瀆する罪に問われ、主な著書がすべて発禁処分になるといった弾圧を受けていたのに比べれば、和辻の場合は、一部の右翼から自由主義者として攻撃されていたとはいえ、直接の弾圧にさらされていた形跡はない。和辻は戦時下にも沈黙を強いられていたわけではなかった。むしろ、一九四三(昭和十八)年に刊行された『尊皇思想とその伝統』などは初版が一万部で、翌年には重版が出ているというから、和辻の言説は戦時下にも、予想外なほどに広く受容されていたのだ。

実際、津田と和辻の天皇ないし天皇制をめぐる思想には、あきらかに本質的といっていい差異がある。ところが、奇妙なことに戦後間もない時期の二人の論考は、ごく表層のあらわれとして眺めるならば、たいへん近接したものに映るのだ。そうして、ともに天皇制擁護の思想家として、戦後の津田・和辻は大きな役割を果たすことになった。いずれにせよ、両者の議論のなかに、その後の象徴天皇制論の骨格となるものがすべて出尽くしている、といっても言い過ぎではない。ここでは、和辻哲郎の『国民統合の象徴』(一九四八)におさめられたいくつかの論考をテクストとして、津田左右吉とはやや方位をたがえる、象徴天皇制イデオロギーの基層の風景を掘り起こしてみたい。

2　国民の総意

『国民統合の象徴』に収録された五編の論考は、和辻自身が「序」の冒頭に書いているように、〝日本における天皇の存在がいかなる意義を担っているか〟を、主要なテーマとしている。五編のうち四編は戦後三年間に雑誌に発表したもので、それはまた、この間の時事に関連した論文のすべてであるという。念のためにその四編の発表年時を確認しておけば、以下の通りである。

「封建思想と神道の教義」一九四五・一一
「国体変更論について佐々木博士の教えを乞う」一九四七・一
「佐々木博士の教示について」一九四八・七
「国民全体性の表現者」同上

戦後間もない時期の、天皇について語る際の和辻の位置《スタンス》のとり方は、「封建思想と神道の教義」にあきらかに窺うことができる。その冒頭に、和辻は次のように書いている。

日本における天皇統治の伝統は、中世以来の封建制度及び神道の教義と本質的な連関を有するものではない。その間に連関をつけたのはそれぞれ歴史的情勢によってひき起こされた解釈に過ぎぬのであるから、それらの解釈を捨てても天皇統治の伝統は失われはしない。否むしろそれによって天皇統治の本質的な意義が明らかとなるであろう。

志向するところは明白である。天皇統治の伝統は、中世以来の封建制度や神道とは本来関わりのないものである、ということだ。和辻によれば、武士の主従関係にもとづく忠君や忠孝一致といった封建思想や制度は、天皇の法による統治の伝統＝国体にもとるもので、それは明治維新によって打破されはしたが、徹底さを欠いていた。また、神道は他の信仰とならんでひとつの信仰として認められてきたのであり、それだけが天皇統治をささえてきたわけではないにもかかわらず、戦前の神道国教化の運動はその偏狭な閉鎖性ゆえに、不幸な誤謬をもたらした。論考の末尾はこう結ばれている、〝かくのごとき偏狭の徒のゆえに天皇統治の伝統が傷われないことを衷心より祈るものである〟と。

和辻はいわば、明治以来の近代天皇制をささえた二つのイデオロギー的支柱、つまり封建思想と国家神道が天皇制の伝統にとっては歴史的に限定されたもので、むしろそれらが除去されることで、逆に〝天皇統治の本質的な意義〟が鮮明になる、と語っているのだ。和辻のこの論文が発表された翌十二月二十五日には、いわゆる神道指令がＧＨＱから出されている。天皇制存続の線に沿って、戦前の神道的イデオロギーの解体を企図した神道指令と、和辻の志向は表裏をなしつつ基本的に一致するとみてよい。

あるいは、和辻は一九四五(昭和二十)年の暮れに書いた小文のなかで、〝最近の不幸な情勢が武力と天皇との結合を図っていたとしても、それ以前の長期にわたる歴史は、天皇が全然武力なしでその権威を持続せられたことを示している〟(「国民全体性の表現者」に和辻自身の手で再録)と述べ、それを可能としたのは、その権威が〝国民の総意の表現〟であったためであるとした。この小文は同盟通信社をつうじて流されたが、東京の新聞にはひとつとして掲載されなかったいわく付きのものだ。当時の天皇制廃止論の高まりのなかで、和辻の文章が受けた抵抗は、わたしたちの想像をはるかに越えるものがあったのだろう。

和辻が天皇の権威を〝国民の総意の表現〟と位置づけていることに、眼をとめねばなるまい。むろん、憲法条文にみえる、天皇の地位は〝主権の存する日本国民の総意に基く〟という表現を、念頭に置いている。それがはたして偶然の一致であるのか否か、わたしは判断材料をもたない。ここでは、いくつかの憲法草案を取りあげて、どのような変遷をへて現行の憲法条文に固定したのかを、簡単に押さえるにとどめる。

> 皇帝ハ国家ノ象徴ニシテ又人民ノ統一ノ象徴タルヘシ彼ハ其ノ地位ヲ人民ノ主権意思ヨリ承ケ之ヲ他ノ如何ナル源泉ヨリモ承ケス

（一九四六・二・二六、総司令部の憲法草案）

天皇ハ日本国民至高ノ総意ニ基キ日本国及其ノ国民統合ノ象徴タルベキコト

（同・三・六、憲法改正草案要項）

天皇は、日本国の象徴であり日本国民統合の象徴であって、この地位は、日本国民の至高の総意に基く。

（同・四・一七、憲法改正草案）

総司令部のしめした草案が「皇帝」号を使用していることに、関心を惹かれるが、ここでは措く。天皇を国家と国民統合の象徴として位置づけることは、総司令部草案から憲法条文まで一貫している。〝国民の総意〟をめぐる表現は、微妙なニュアンスの差異はあるが、草案要項からみえている。〝主権の存する日本国民の総意に基く〟という憲法条文と、ほぼ対応しあうものとみてよい。

さて、和辻は「国民全体性の表現者」のなかで、以下のように語っている。

やがてそのうちに、新しい憲法の草案が発表された。それを見ると最初に「天皇は日本国民至高の総意に基づき、日本国及びその国民統合の象徴たるべきこと」と記されている。それは前掲の一文によって言おうとしたことと大体において一致していると思われた。わたくしは「国民の総意の表現」という言葉を使いはしたが、象徴という言葉を用いてはいない。しかし国民の総意というごとき主体的なるものを眼に見える形に表現するとすれば、それは象徴であるほかはない。従って、天皇を国民の統一の象徴とするのは正しいのである。

（引用文中の傍点は和辻、本章以下同じ）

前掲の一文とは、先にその一部を引いた、一九四五年の暮れに書かれた小文をさしている。文中、憲法の草案とあるのは、正確には草案要項の誤まりであろうか。いずれにせよ、ここで和辻は、自身の天皇制に関する理解と憲法（草案）の天皇の位置づけとが、おおむね一致していることに満足の意を表わしている。くりかえすが、それが偶然の一致であるのか否かについての判断は保留しておく。

それにしても、和辻の一九四五年暮れの文章には、〝国民の総意〟なる、当時さほど一般的であったとはおもわれぬ表現が見いだされた。これにたいして、和辻が使用していない「象徴」の語のほうは、翌四六年の初頭に草され『世界』四月号に掲載された、津田左右吉の「建国の事情と万世一系の思想」のなかにみられた。むろん、たんなる偶然にすぎないのかもしれない。しかし、和辻や、戦前に右翼や軍部からすくなからず弾圧を蒙ることのあった津田・美濃部のような自由主義者たちこそが、戦後の象徴天皇制という空虚な器に、〝国民の総意〟や〝国民統合の象徴〟といった新しい思想を盛るために力を尽くしたイデオローグであったことを、否定することはできない。

3　生きた全体性

さて、もうすこし具体的に、和辻哲郎がみずから憲法の用語を借りて書名にしたと語る『国民統合の象徴』を手掛かりに、和辻が紡いでみせた、象徴天皇制の基層の風景に視線を潜らせてゆくことにしよう。

和辻が一連の論考のなかで、もっとも精力を注ぎこんでいるのは、〝国民の総意〟とは何か、それはいかに形成され、何によって表現されるべきか、といった問題である。当然ながら、問いははじめから一定の方位をおびており、天皇という名の不可視の場所に収斂される構造になっている。

たとえば、一九四五年暮れの小文にみえる以下のような一節は、奇妙なよじれを孕んで、読み手の思考をしばし攪乱させずにはおかない。あきらかなのは、問いが発せられる以前に答えが存在している、あるいは、すでに避けがたく選択された答えにむけてのみ、問いが投げかけられ組織されている、ということだ。

人民に主権があると言っても個々人が主権者だということではない。人民の一致せる意志が、すなわち国民の総意が、国の最高権力を持つということである。その場合には、国民の総意をいかに形成し、何によって表現するかが重要な問題になる。……われわれは真実の総意を正直に、精確に、形成しなくてはならない。そうしてそれを、われわれの国民の総意に最もふさわしい形によって、表現しなくてはならない。この形成と表現とが成し遂げられ、「国民の総意」を表現するものはわれわれにおいては天皇にほかならない、ということが明らかになれば、人民に主権があるということと、天皇が主権者であるということとは、一つになってしまう。人民主権を承認するために天皇制を打倒しなくてはならぬという必要はない。

ここからは、来たるべき人民主権の時代を前にして、それと天皇との折り合いをいかにつけるかが、焦眉の課題としてせりあがりつつあった様子が窺われる。天皇制と人民主権という、たやすくは折り合いをつけがたい水と油のような代物を、どのようにして同じ土俵のうえに共存させることが可能か。そこで和辻がいささか唐突に持ちだしたのが、ほかならぬ〃国民の総意〃というキーワードであった。この、和辻の想念の内側で奇怪にふくらみ、変幻自在に姿を変えつつ、たったひとつの視えざる中心＝天皇にむけてみずから手繰り寄せられてゆく、不思議な言葉に眼を凝らさねばならない。

ところで、憲法条文の、天皇の地位は〃主権の存する日本国民の総意に基く〃という一節は、ごく素直に読むかぎりにおいて、主権を有する国民の共同の(または多数者の)意志が、たとえば天皇制の廃止を選択する、といった非常の事態の生じる可能性を除外していない。西欧における人民主権という理念の誕生が、市民革命による王政の廃止の結果であったことを、ここで想起しておくのもよい。和辻はむろん、そうしたことをよく承知しており、それゆえにこそ、〃国民の総意〃なる危ういキーワードを、ひたすら天皇制の存続という方位に沿って鍛えあげることに全力を傾注したのである。

和辻によれば、国民とは〝同一の言語、習俗、歴史、信念などを有する文化共同体〟であるとともに、ひとつの国家の人民である。それはひとつの集団であって、個々の成員をさすわけではない。したがって、〝国民の意志(the will of the people)は一つの全体意志であって個々人の個別的な意志ではない〟。そして、〝総体性としての統一〟において、個別的意志とは異なる次序に属する全体意志ないし超個人的意志をさししめすのが、〝国民の総意〟なる言葉である、とされるのだ(「国民全体性の表現者」)。

しかも、国民がひとつの全体であり、そこにひとつの全体意志があるということは、個人の自覚の問題とは別に、すでに定まっていることだ、という。同様のことは、〝国民の総意が国民という集団の全体意志であるならば、それはこの集団のあるところにすでにあるのであって、改めて形成されるを要しない〟とも、変奏される。〝国民の総意〟という名の全体意志が個人の意志とは別次元に、集団とともに〝すでにある〟ということを、和辻はくりかえし語っているとみてよい。

> 一つの集団の生きた全体性は眼に見えないものであり、眼に見えるのはただ個々の肉体を持った個人にすぎないのであるが、しかしそれだからといって個人のみが現実であり、集団は現実でないというわけに行かない。国民の生きた全体性も

その通りである。それは眼には見えないにしても、言語のうちに生き、習俗のうちに生き、その他さまざまの文化のうちに生きている。
そういう生きた全体性、あるいは国民の全体意志を、何によって表現するかという問題は、全体意志を決定する問題や、具体的に決定された全体意志を表明する問題とは異なり、対象たり得ずまた眼に見えない「生きた全体性」をいかにして対象的な眼に見える形に現わすかという点を核心とする。わが国にあってはそれを天皇において表現してきた。（同上）

対象化されえず、また眼にも視えない生きた全体性をいかに形に表わすか、そこに国民の全体意志を何によって表現するかという問題の核心がある、とされる。そして、この生きた全体性が日本では天皇において表わされてきた、と和辻は述べているのだ。言葉をかえれば、〝国民の総意〟は対象化を拒む不可視の生きた全体性というべきもので、しかも、すでに・つねにそれは天皇において表出されてきたということだ。

「国民全体性の表現者」の終節では、和辻はこう語っている。すなわち、〝天皇が国民の全体意志の表現者であるということは、国民が一つの方向にその全体意志を決定すれば、それがそのまま天皇の意志として表現されるということである。……国民の全体意志が天皇の意志となることこそ天皇の本質的な意義である〟と。これはいわば、生きた全体性の表出形態としての天皇の究極の形といえるだろうか。

それにしても、人民主権と天皇との背理を孕んだ関係に了解の通路をつけるために、和辻が切り札として置いた〝国民の総意〟なるカードは、まさに謎めいたジョーカーよろしく変幻自在に貌や姿を変え、わたしたちを幻惑させる。〝国民の総意〟は個々人の意志とは関わりのない、ひとつの全体意志であること、それは集団のあるところに〝すでにある〟こと、そして、対象化のかなわぬ不可視の生きた全体性をなし、天皇を唯一の表現者としてきたこと。〝国民の総意〟がはたして、和辻の了解通りのものであるとしたら、そこは議論の終着点である。わたしたちはもはや、個人の意志を越えて、対象化や認識を拒みながら、すでに・つねに生ける全体性の具現者として存在するという天皇の前に、言葉を失って拝跪するほかはないだろう。

一九四五年暮れ、和辻は〝国民の総意をいかに形成し、何によって表現するかが重要な問題になる〟と語った。しかし、その問いはそのとき、あらかじめ存在する生ける全体性＝天皇という像を確認するためにのみ発せられていたのだ。たとえば、すでに早く一九三四(昭和九)年の和辻の論考のなかに、以下のような一節を見いだすとき、わたしたちはそう結論せざるをえないだろう。

王政復古によって権力と権威とが再び統一せられたにしても、天皇の本質は権威にあるのであって権力にあるのではない。そうではなくして天皇を単に権力の側からのみ規定しようとすれば、幕府始まって以来七百年の間の天皇は天皇ではなくなる。尊皇思想において発揮せられたのはまさにあらゆる権力をも抑え得るところの天皇の権威であった。しからばこのような権威はどこから出るか。それは天皇が国家を超えたもの、すなわち国民の生ける全体性の表現者だからである。国家の主権者としての天皇はただ天皇の一面に過ぎない。国家の生ける地盤としての国民という層に入り込んでこそ初めて天皇の権威が理解せられる。

(『続日本精神史研究』全集第四巻所収)

〝国民の総意〟が問われるはるか以前から、和辻にとって、天皇は〝国民の生ける全体性の表現者〟であったのだ。そして、天皇の本質を権力にではなく権威にもとめた一九三四年の和辻は、一九四五年の敗戦ののちにも、その立場を崩していない。和辻の戦前と戦後は連続している。しかも、その連続はたしかに、視えにくい非連続を内に孕んだ連続でもあるところに、厄介な問題が潜んでいる。

それにしても、あらかじめ答えの明らかな問い、ただ、ひたすら天皇という揺るがぬ答えに奉仕させられる問いが、わたしたちの前にある。不可視の中心＝天皇の磁場に引き寄せられないためには、問いそれ自体を脱構築する途を探らねばなるまい。とはいえ、ここではいましばらく、和辻の言説の傍らにとどまることにしよう。

4　象徴の歴史

わたしたちの個々の関心や選択とは関わりなく、天皇はすでに・つねに、生ける全体性＝全体意志の表現者でありつづけてきた、という。託宣のように投げだされた、その神さびた命題を前に沈黙するわけにはゆかない。和辻はこんな問いをみずから書きつける、すなわち〝日本の過去のどこに「自由に表明せる意志」によって天皇を全体意志の表現者と認めた事実があるか〟と。むろん、和辻自身にとっては答えの自明すぎる問いであったことは、いうまでもない。然り――、と。

しかし、神さびた託宣は、自己完結を拒絶され、みずからの存在証明のためにいたずらに言葉を繰りださねばならなくなった瞬間に、たちまち自明性の衣を引き剝がされるだろう。和辻の託宣も同様である。歴史のなかに自己の命題の裏付けをもとめたとき、託宣はほころびはじめ、やがてみずから瓦解してゆく。和辻の叙述に寄り添いつつ、その様を見届けることにしよう。

天皇という語の古い訓みはスメラミコトであったが、それは今風にいえば統一のはたらきを人格化したもので、いわば本来的に〝国民統合の象徴〟をしめす言葉であったとされる。和辻はそれを、天皇の起源にまでさかのぼって論証してゆく。

> 天皇を生み出した地盤は原始社会における原始的な祭祀(cult)である。王の呪術的起源ということは世界に共通な事実であって、わが国に限ったことではないが、わが国では不思議にこの原始的伝統がさまざまのメタモルフォーシスを経つつ後の発展諸段階のうちに持続して行ったのである。ところで原始宗教の地盤から天皇が発生したということは、原始集団の人々が集団の生きた全体性を天皇において意識したということを意味する。原始人は集団の全体意志というごときものを考えたり認めたりすることはできなかったが、しかし祭祀を通じて全体意志は形成され、祭祀によってそれは発動した。その際にこの全体意志を表現する地位に立ったのが天皇なのである。だから天皇は初めから集団の統一の象徴であったということができる。
>
> （「国体変更論について佐々木博士の教えを乞う」）

原始的な祭祀もしくは原始宗教という言葉によって、和辻が具体的に何を思い浮かべていたのかはさだかでない。が、原始宗教を地盤に天皇が発生したというのは、いささか乱暴な議論といわざるをえない。たとえば、稲の収穫儀礼である新嘗祭ひとつをとっても、村落レヴェルと宮廷レヴェルのあいだには容易には埋めがたい断層がある。天皇の祭祀を村々の祭りに還元し、そこからの直線《リニア》的な展開を想定することに無理があるように、天皇が原始宗教の地盤から発生したと説くことにも無理がある、ただちには首肯しがたい、ということだ（第Ⅱ部第一章を参照のこと）。

　全体意志なるものが存在したならば、たしかに古代には、それは共同体の祭祀をつうじて形成され発動したはずだ。共同体祭祀をつかさどったのは、キミと呼ばれた首長たちであった。その、小さなクニを統べる首長＝祭祀者に関してなら、原始宗教を地盤に発生した、と説くことが可能だろう。そこには、天皇の歴史よりもはるかに深い時間の堆積が認められる。しかし、王（キミ）から大王（オオキミ）へ、そして天皇（スメラミコト・テンノウ）へと転成を遂げるためには、長大な時間が必要であり、古代七世紀に天皇制が成立したときには、もはや天皇は原始宗教の地盤から大きく隔たっていたとみなければならない。あるいは、天皇家の出自にまつわる異族の匂いも無視し去るわけにはゆくまい。

和辻によれば、原始集団がみずからの総意をなにものかに投射し、それを神聖なるものとして受けとるのは、人類に普遍的な現象である。わたしたちの歴史に固有な点は、この伝統が文化段階の異なる次々の時代に、形を変えながらも持続してきたことだ、という。

> 天皇が日本国民の統一の象徴であるということは、日本の歴史を貫ぬいて存する事実である。天皇は原始集団の生ける全体性の表現者であり、また政治的には無数の国に分裂していた日本のピープルの「一全体としての統一」の表現者であった。かかる集団あるいはピープルの全体性は、主体的な全体性であって、対象的に把捉することのできないものである。だからこそそれは「象徴」によって表現するほかはない。その象徴はいろいろなものであり得るであろうが、わが国民は原始的な祖先が人類通有の理法に従って選んだ象徴を伝統的に守りつづけたのである。ここに我々は天皇の担う中核的な意義を看取することができる。（同上）

日本の歴史をつらぬいて、それゆえ、天皇家が兵権も政権ももたなかった武家政治の時代ですら、国民が総意のあらわれと認めたのは、将軍でも大名でもなく、すでに・つねに天皇であったという。そして、"室町時代末期の民間文芸がこのことを顕著に示していることはすでに言及した"（「国民全体性の表現者」）とあるが、和辻の記述はほとんど論証の体を成していない。

江戸時代に関しては、謡曲にくりかえし「天皇の御代」があらわれること、浄瑠璃や歌舞伎に天皇や宮廷を題材としたものが少なくないこと、それが民間の雛祭りや小倉百人一首の流行とともに津々浦々に及んでいることをもって、国民の統一を表現するものが天皇であったことが語られる。しかし、それは江戸期の民衆が天皇の存在を忘却していなかったことの、とりあえずの証左ではありえても、天皇が生ける全体性の唯一の具現者であったことの論証の根拠としては、あまりに稀薄というほかはない。

和辻にとって、生ける全体性＝全体意志の表現者としての天皇という像《イメージ》は、アプリオリに論の前提ないし基層命題をなすものであり、論証といった操作は本来必要のないものであったのだから、論証の体を成していないとしても別段驚くには当たらない。むしろ、〝国民の総意〟としての生ける全体性＝全体意志といったものが、わたしたちの歴史の内側から汲みあげられた生きた概念ではなく、ある抽象度の高い理念の所産であったことを確認しておくべきだろう。それを必要としたのは、あきらかに和辻哲郎その人であり、歴史のなかの生ける国民やその全体意志ではなかったということだ。

近年ようやく盛んになりつつある、中世後期から近世にかけての天皇制の研究をつうじて、わたしたちが確認しうるのは、天皇ないし朝廷が武家の政治的権力をささえる権威の源泉として、この、天皇制のかぎりなく縮退した時期にも依然として温存されつづけたという事実である。それは、天皇が国家統一のシンボルとして有効に機能していたことを意味するはずだが、厳密にいって、国民統合のシンボルといった位相とは無縁であることに注意したい。そこには民衆にとって天皇とはいかなる存在であったか、などといった問題の入りこむ余地はない。あるいは、さらにいって、生ける全体性＝全体意志の具現者としての天皇など、実証すべくもない和辻の内なる甘やかな幻想にすぎないということだ。

5　文化共同体

ところで、「国体変更論について佐々木博士の教えを乞う」には、こんな一文がある、――〝室町時代や江戸時代においては天皇は明白に日本国民統合の象徴ではあったが、日本国の象徴であったとはいい難い〟と。わたしが指摘したのと、ちょうど逆のことが語られていることになる。ここで、天皇と国民および国家との関わりをめぐって、和辻とわたしのあいだに横たわる齟齬《ズレ》について触れねばなるまい。

和辻は「佐々木博士の教示について」のなかで、天皇の有した伝統的権威について、以下のように語っている。

> わたくしはこの天皇の伝統的権威が、日本の歴史を貫ぬいて存する事実だと考えるのである。それは天皇が国民の全体性を表現するがゆえに生じた権威であって、国法の定めによりはじめて成立するのではない。それは厳密な意味での国家の成立に先立って存し、また国家の統一が失われた時にも存続した。国家組織内においては、それは統治権の総攬と結合して一つになることもあるが、しかし統治活動と全然分離してもその意義を失わない。日本の歴史を貫ぬいて存するのはこの事実であって、天皇が統治権の総攬者であるという法律事実ではない。

日本の歴史をつらぬいて存在するとされる、天皇の伝統的権威。それは、天皇が国民の生ける全体性を具現するがゆえに生じた権威である、という。和辻によれば、この天皇の伝統的権威は法＝国家とは位相を異にするものとして存在した。それは統治権つまり政治的権力と結合することもあれば、分離することもある。いわば、天皇制の核にあるのは、生ける全体性の具現者としての伝統的権威であって、法＝国家を統べる政治的権力ではないということだ。

王権の機能を宗教的権威／政治的権力に分かつことは、古典的な二分法である。そうした二分法にたって、権威の担い手ないし源泉として天皇の本質規定をすることは、最近の天皇制論においてはある程度支配的な立場であるといってよい。和辻の所論もおおむね、この了解の図式のなかにおさまるはずだ。もっとも和辻のいう伝統的権威のおびる質は、宗教的ないし祭儀的なものであるより、文化的なものであるらしいことは注意される。津田左右吉が天皇の権威の宗教性を否定し、それを〝精神的権威〟としてのみ位置づけていたことを、想起するのもよい。ここに、見逃しがたい問題が孕まれていることは確実である。

和辻の所論に固有に見いだされるのは、天皇の伝統的権威が法＝国家の外部にあり、日本の全歴史をつらぬいて超越的に存在したと解する点であろうか。このとき、和辻にとって国家とは、統治権それゆえ政治的権力にかかわる側面に限定されているようにみえる。先の引用に続けて、和辻はこう書いている。すなわち、天皇が統治権の総攬者であるという法的事実は、〝明治憲法によってはじめて明白に定められたものであるが、これは日本国憲法によって変更した。してみれば、今度変更したのは明治以後の政体なのであって、日本の歴史を貫ぬいて存する天皇の伝統的権威なのではない〟と。国民主権を謳った日本国憲法のもとで、いかにして天皇制を擁護し存続させることができるか、その困難な主題に腐心する様が窺える一節である。

ここにいう明治以後の政体はおそらく、狭義における「国体」をさしている。和辻によれば、国体の概念はものを精密に考えようとしない人々によって作られたために、不幸な混淆を含み、多くの害悪を生んだ。その基調をなすのは、主従君臣の関係を天皇に結びつけ、国民的統一の自覚である尊皇思想を封建的忠君思想によってすり替えることである、とされる。それは〝一つの時代に独裁的権力者が有力な武器として用いた概念〟であり、今はむしろこのような国体の概念はむしろ捨て去るべきではなかろうか〟と、和辻はいう。

国家と国民とは同じものではない。この区別を理解せず、尊皇の伝統をただちに国家レヴェルでとらえるところに、国体の概念は派生したのだという。和辻はいわば、天皇制と国家を同値する国体論を批判しつつ、国家にたいして超越的な場所に、戦後のあたらしい天皇制の基盤を見いだそうとしたのである。

和辻は以下のように述べている。

> わたくしが前に天皇の本質的意義としてあげたのは「日本国民統合の象徴」という点であって、必ずしも国家とはかかわらないのである。もし「国民」という概念がすでに国家を予想しているといわれるならば、人民とか民衆とかの語に代えてもよい。とにかく日本のピープルの統一の象徴なのである。それは日本の国家が分裂解体していたときにも厳然として存したのであるから、国家とは次序の異なるものと見られなくてはならない。従ってその統一は政治的な統一ではなくして文化的な統一なのである。日本のピープルは言語や歴史や風習やその他一切の文化活動において一つの文化共同体を形成して来た。このような文化共同体としての国民あるいは民衆の統一、それを天皇が象徴するのである。日本の歴史を貫ぬいて存する尊皇の伝統は、このような統一の自覚にほかならない。
>
> （「国体変更論について佐々木博士の教えを乞う」）

言語・歴史・風習その他において文化共同体を形成する国民《ピープル》の統一を、天皇が象徴するが、それは国家とは次序を異にするものだ、という。当然ながら、天皇が具現する統一は政治的なものではなく、ひたすら文化的なものとして把握されることになる。和辻が語った〝国民の総意〟、つまり生ける全体性＝全体意志の表現者としての天皇は、非政治的な、あるいは政治を超えた文化共同体の位相にのみ見いだされるだろう。

おそらく、ここに和辻の戦後における天皇制論の核心が秘められている。戦前／戦後をつうじて、和辻は天皇の本質を権力ではなく権威にもとめる立場をつらぬいた。その点にはたしかに変更はない。問題はこの半歩先だ。わたしはすでに、和辻が天皇の伝統的権威を、宗教的・祭儀的なものとしてではなく文化的なものとして押さえていることに、注意を促しておいた。戦後の和辻の論考を読むかぎり、天皇の権威には宗教や祭儀の匂いはほとんど感じられない。しかし、こうした論考群の、わずか数年足らず昔に書かれた『尊皇思想とその伝統』を知る者にとっては、それは到底見逃すわけにはゆかぬ、根底的な変更にほかならない。

『尊皇思想とその伝統』は、一九四三年に日本倫理思想史の第一巻として出版された。しかし、戦後になって、第二巻以降の刊行は取りやめになり、あらためて単独の『日本倫理思想史』が編まれた。詳しい経緯はさだかには知らない。『尊皇思想とその伝統』の内容は、放棄されたり変更されたのではなく、ほとんどそのまま『日本倫理思想史』に取り入れられ、活かされているともいう（全集第一四巻の古川哲史の解説による)。対照された目次をみると、「尊皇」の二字が前者にあって後者にないことが、何よりわたしの関心を惹く。倫理や思想を「尊皇」という場所に還元し、それを基軸にして語るという方法的立場を択ぶか否かは、無視することのできぬ差異であるが、これ以上の詮索は当面の主題からはずれる。

さて、『尊皇思想とその伝統』では前篇で尊皇思想の淵源が、後篇で尊皇思想の伝統が語られている。ここでは前篇に関心を絞ろう。第一章の「宗教的権威による国民的統一」にはじまって、前篇はその全体が、〝天皇の神聖な権威〟の淵源を解き明かすことに賭けられている。和辻によれば、記紀神話は天皇の〝宗教的権威についての物語、すなわち神聖な権威による国家統一の物語〟(傍点引用者)とされるが、この記紀神話の解読をつうじて、尊皇思想の淵源は辿られている。天皇の権威は宗教的かつ祭儀的なものとしてのみ叙述され、そのうえには多くの場合、「神聖な」という形容詞が冠せられている。

いくつか関連箇所を引いてみる。

(1)……神の意義のうちに三つの層を別つことができる。一、天皇は天つ神の御子として神聖な権威を担っておられる神である。二、この神聖性の背後には皇祖神、天つ神としての神がある。それは天皇の神聖性の根源である。

（傍点引用者、以下同じ）

（２）神代史の物語を統括する意図は、この生ける全体性を皇祖神及びその伝統の神聖なる権威において把捉することであった。

（３）……生ける全体者としての民族もまた、究極的なる一者なのではない。それはその全体性をば背後の限定せられざる神秘から得ているのである。言いかえれば、民族が一つの生ける全体者であるのは、絶対的全体性に基づくからである。しからば皇祖神及び現御神が民族的全体性を表現せられることは、同時に、民族的全体性を媒介として絶対的全体性を表現せられることにほかならない。ここに我々は最も究極的な全体性の表現を見るのである。かく見れば、この表現者が神聖な権威を担われるゆえんは炳乎として明らかとなるであろう。

（４）……統治者がその神聖な権威によって統治せられる時（すなわち絶対的全体性の表現者として国民の全体性を自覚せしめられる時）、その統治は絶対的に正しい。それは全体的意志の統率であり、人をその本来性に還らしむる統治である。天皇の統治が「知らす」という概念によって現わされていることはまさにこの事態を示しているのである。

天皇は神聖な権威をになった神である……、統治者がその神聖な権威によってする統治は、絶対的に正しい……、という。一九四三年の戦時下を生きていた人々は、いったいそれを何として、どのように読んだことだろうか。記紀神話の解釈にすぎないと、あらかじめ「逃げ」は打たれている。しかし、疑いもなく和辻の叙述《アジテーション》に魂を揺さぶられ、天皇を絶対的な帰依の対象としてゆく根拠を得た(と信じた)年若い読者は、数も知れずいたはずだ。

和辻は戦後の「国民全体性の表現者」のなかで、こう述べている、――〝わたくしは、神がかりの人々と同じ意味で天皇神聖観を護持した覚えはない。天体物理学や生物学の発達している現代において、天皇が太陽神の子孫であり従って現神であるというようなことを、誰がまじめに信じ得よう〟と。和辻はただ、〝千二三百年前の天皇が神話を背負い、神話によってその神聖性を裏づけられていたという歴史的事実〟を、記紀神話にもとづいて語ったにすぎない、というわけだ。これもまた、わたしの当面の関心からは逸脱する。和辻の思想における変更それ自体には、まるで関心がない。みずからの天皇即神論から天皇非即神論への転向を、戦後間もない時期に語った折口信夫を、対照的に思い浮かべるばかりだ。

いずれにせよ、和辻の戦後の論考群のなかからは、宗教や祭儀の匂いが消去され、天皇の権威からは「神聖な」という冠がはずされた。宗教や国家から文化へと、天皇制をささえる基層の風景は一変した。この、和辻哲郎によって果たされた根底的な変更は、確実に戦後の象徴天皇制の起点にあって、天皇制をイデオロギー的に再編し維持してゆくための方位を決定した。すくなくとも、わたしたちは戦後の天皇制をささえるイデオロギーの源流、その大きなひとつの流れとして、和辻の天皇制論が存在することを否定するわけにはゆかぬ。

それにしても、象徴天皇制の誕生と前後して書かれた和辻のいくつかの論考のなかに、凝縮された形で、戦後の天皇制イデオロギーの骨格がしめされていることは、驚くばかりである。くりかえすが、象徴天皇制の思想的な生みの親は、和辻や津田左右吉といった、広義に自由主義思想家にくくられる人たちであったのだ。偏狭な国体論者や右翼イデオローグらが、象徴天皇制を生み育てたのではない。むしろ、かれらの国体論的な天皇制論を批判的に乗り越えようとするなかに、そうした象徴天皇制論が登場してきたのである。

その、したたかに重い逆説は、依然としてわたしたちの現在を呪縛している。象徴天皇制を思想的に相対化し、無化するための作業を重ねつつ、呪縛は解きほぐされてゆかねばなるまい。天皇制そのものがすでに、状況によって追い越されつつあるのがまぎれもない現実であるにせよ、象徴天皇制を問う作業はやはり、わたしたちに課せられた課題でありつづけているにちがいない。

第三章　不親政

1　本来の姿

見果てぬ夢のように〝文化概念としての天皇〟を奉じつつ、作家・三島由紀夫が自死を遂げたころから、皮肉にも、世はおしなべて〝文化概念としての天皇〟の全面的な肯定へとむかった。政治権力をもたぬ、精神的求心力としての天皇、いわば象徴天皇こそが、天皇制の長い歴史のなかで変わらぬ本質でありつづけてきた、といった議論が、それまでむしろ戦前の現人神＝天皇への郷愁をいだいているかにみえた人々のあいだからさえ、表立って語られはじめた。〝文化概念としての天皇〟は、まるで三島の描いたものとは逆の方向に、つまり超越性＝聖性の光をいよいよ稀薄にしつつ、世俗的な装いをもって広く受容されるにいたったのだ。

たとえば、一九七三(昭和四十八)年六月、当時通産大臣であった中曽根康弘は、以下のような天皇制論を語っている(『サンデー毎日』一九七三・六・二四。ただし発言そのままではなく、編集部の手でまとめられたものである)。

わたしは、日本の天皇は、むかしから今日まで本質的性格はいまの象徴天皇的存在であったと思っている。天皇が二千数百年の歴史の中で維持されてきたのは、実際は政治権力を持たないで、その政争や勢力闘争の渦中に入らず、すべての勢力の上に超然としていたからだろうと思う。

歴史的に見ると、天皇が軍刀を持って政治の実権者として君臨していたのは神武天皇から景行天皇のころまでで、それから後醍醐天皇の六十年間、あとは明治憲法下だろうと思う、明治憲法下は統治権の総攬者として陸海軍を統率するという実権をにぎっておられた。しかしそれ以外の二千年近い間というものは、天皇は笏を持って皇大神宮に奉仕して、そういう宗教性を半ばおびた精神的支柱として日本の統合の要にあったと思う。

中曽根はこうして、天皇の本質を象徴天皇的な存在、あるいは実権のない精神的な求心力として規定したうえで、明治憲法下の天皇は本来の姿から離れたものだと批判し、〝戦争に敗れて新憲法をつくって、天皇は日本本来の姿に戻った〟と述べた。新憲法のもとでの象徴天皇制を天皇制の〝本来の姿〟への回帰とみなす、こうした理解と立場に、中曽根が戦後のいつの段階から立つようになったのかは知らない。背景にあったのはたぶん、象徴天皇制が世論調査で高い支持を受け、国民のあいだに定着している、とする状況認識であったにちがいない。

ところで、中曽根の象徴天皇論が実は、もうすこし屈折した異相を秘めていることに注意したい。以下のような一節だ。

> 明治天皇の御製に、
>
> 浅緑澄みわたりたる大空の
> 広きをおのが心ともがな
>
> というのがある。この御製に象徴天皇の理想があると思う。この御製は、非常にほのぼのとしたあたたかみのある、清潔な、そして文化性のこもった、月の光があふれてくる六根清浄のものだ。大事なことは平和であり、文化であり、それを合わせ持った清浄さと神聖さだ。まさに象徴天皇にふさわしい。こういう天皇にわれわれはあこがれ、護持していきたいと思っている。

ここにみえる中曽根の象徴の理解には、ある種の宗教性が濃密に漂っている気がする。おそらくは〝清浄さと神聖さ〟こそが、象徴の要なのだ。先の引用のなかでも、〝宗教性を半ばおびた精神的支柱〟と語られていた。象徴なる言葉はたしかに、宗教的な清浄や神聖の観念とも共存できる、柔軟な、あるいは曖昧模糊とした代物である。こうした〝神秘モーローたる妖気〟(坂口安吾「飛鳥の幻」)を孕みつつ、象徴はときに人々に受容されているのだということを記憶しておくことにしよう。

さて、戦後の象徴天皇制のはじまりの風景のなかに、津田左右吉と和辻哲郎という、ふたりの自由主義思想家が残した巨きな足跡を、わたしはすでに見届けてきた。戦後間もなく津田と和辻がそれぞれに表明した、新しい天皇制のイメージの核にあったのは、第一に、国家や宗教との結びつきの否定である。それは、国体と現人神に帰着した戦前の天皇制のあり方にたいする、かれらなりの批判を意味した。第二に、津田は宗教との結びつきを否定するがゆえに、天皇のもつ伝統的な権威を精神的なものと規定し、和辻は国家との結びつきを否定するがゆえに、天皇を日本という文化共同体の統合の中心として見定めようとした。

津田や和辻の、こうした天皇制と民主主義の共存をめざす議論は、当時の天皇制廃止や打倒を叫ぶ風潮のなかで強い反発をこうむり、あるいは無視されたが、やがて象徴天皇制についてのコモンセンスとして定着していった。三島の自死に前後して、保守的な政治家やイデオローグのあいだで語られはじめた、象徴こそが天皇制の本来のかたちであるとする天皇制論は、まさに津田や和辻のしめした構想に全面的に沿うものであった。

法制史家・石井良助の『天皇――天皇の生成および不親政の伝統』(一九八二)は、津田・和辻の描いた天皇制のイメージを、影響関係は別にして、不親政というキーワードのもとに歴史的かつ包括的に掘り下げたものといえるだろうか。天皇不親政論はいわば、象徴天皇制にかぶせられた歴史的な衣裳である。天皇は歴史のなかで、親政であったか不親政であったか、いずれを本質としてきたか。歴史学の領域ではいささか手垢にまみれた、しかし、依然として決着をみていない問題のひとつである。ここでは、この不親政をめぐる問題に、歴史学とは異なる方法＝視座から接近してみたい。テクストはとりあえず、石井の『天皇』を択ぶことにする。

2 作為／自然

『天皇』の公刊は一九八二年のことであるが、その「序」によれば、石井はすでに早く、一九四八(昭和二十三)年刊の『日本法制史概説』のなかで、また、翌々年の『天皇——天皇統治の史的解明』のなかで、天皇不親政の伝統について語っている。第二次世界大戦が終わるまで、天皇親政は〝国初以来の国体〟であるといわれてきた。この国体＝天皇親政にまつわるタブーが解けることで、はじめて天皇不親政論を公にする機会を得た、と石井はみずから述べている。

「序」には以下のような一節がある。

戦前の国体論者の説によると、天皇親政が国体であり、それは肇国以来不変であるが、律令時代と明治時代に、国体の精華はもっともよく発揮されたというのである。ところが律令時代というのは、天皇が中国流の皇帝に作りかえられた時代であり、明治時代は天皇がプロシア流の王に作りかえられた時代であるから、この二つの時代に、国体の精華が発揮されたというのは合点がいかなかったのである。

外国法の影響を強く受けたこの二つの時代を除くと、天皇の親政の時代はない。そうだとすると、国体論者のいうこととあべこべに、天皇不親政こそ天皇統治の伝統ではないかと考えるようになったのは無理からぬことではなかろうか。拙著前記両書、ことに『天皇』はこういう見地から、天皇不親政の伝統の由来および変遷を叙述するのに主眼をおいたのである。

『天皇』の主たる執筆モチーフが国体論批判にあったことが、石井自身によって説かれている。そして、天皇不親政の伝統を掘り起こすことによって、おそらくは石井もまた法制史家という独自の場所から、津田左右吉や和辻哲郎と同様に、戦後の象徴天皇制という空虚な器にあるべき理念としての天皇制の像を盛ろうとしたのだ、と想像される。そうした、ある意味では地道といってよい試みのすえに、『天皇――天皇の生成および不親政の伝統』という著書は産み落とされたのである。

さて、石井の天皇不親政論の輪郭を辿ることにしよう。『天皇』は天皇を中心にすえた日本通史の体裁をもつが、わたしはあえて、石井の提示している天皇の歴史にまつわるイメージを非歴史的に読み解いてみたい。いわば、『天皇』というテクストそれ自体に埋め込まれた無意識の構造を腑分けし、明るみに出すということだ。

第一に、天皇制における連続／非連続について。

先に「序」に触れながら、石井のモチーフのなかに国体論批判があることを指摘したが、その批判が実は、天皇制擁護の強い意志にささえられている点で、固有の屈折を含むものであることに注意したい。そこには、国体論者の単純な万世一系＝連続性の主張とはやや異質な、非連続を例外として内に孕んだ連続性、とでもいうべきものへの揺るがぬ眼差しがある。

石井は戦前／戦後の非連続について、こう述べている。

明治憲法により統治権者とされた天皇は、日本国憲法においては、特定の形式的な行政的な国事にかんする権能を有する日本国および日本国民統合の象徴とされるに至ったのであるが、両者のあいだには、権能の内容のみでなく、その基礎においても相違するものがあることを注意しなければならない。明治憲法においては、天皇の統治権者たる地位は憲法によって定められたものではなく、憲法以前においてすなわち肇国のときにおいて、皇祖の神勅によって定まったのであるという建前であったのである。……

ところが、日本国憲法においては、このような神秘的な、また神権的な思想は全然払拭されている。

こうして戦前／戦後の非連続を語りながら、他方で石井は第七編第二章の「国体」のなかで、〝天皇垂拱《すいきょう》の原理およびその政治形態のフレクシブルな点〟に天皇統治の特色をもとめ、それを国体とよぶべきではないか、と概念の拡張をはかる。そのうえで、天皇制の歴史のなかで、日本国憲法の制定ははたして国体に反するものであるか否か、と問いが立てられる。

論証の作法はなかなか手が込んでおり、一筋縄ではゆかない。この問題をかんがえる前提として、石井は〝外国輸入の制度によってつくられた天皇統治の時代は、これを除外しなければならない〟(傍点石井)とする。除外する理由はさだかにはされない。ただ、律令の中国的天皇の「上世」とプロシア的天皇の「近代」を除いたうえで、「上代」「中世」「近世」そして「現代」と、天皇統治の形態における連続性が存在したことが語られるばかりだ(時代区分は石井による)。

煙に巻かれたように、読み手は結論のかたわらに導かれてゆく、すなわち、――〝天皇統治の形態をその自然なる変遷において観察する限り、日本国憲法の定める天皇制は、決して国体の変革という言葉で表現されるような大改革を意味するものではない〟(傍点引用者)と。この一文が実は、『天皇』という著作の末尾に置かれたものであることに、注意を促しておこう。

それにしても、国体の概念が戦前のように親政を意味するにせよ、石井の理解するように不親政を意味するにせよ、それが天皇制の歴史的アイデンティティ、それゆえ連続性を確認するための解釈装置であることに変わりはない。むしろ、天皇制の変わらざる貌を国体として析出しようとする、その方法的な立場は、変わらざる貌＝連続性が暗黙の前提であるかぎり、位相をひとしくする議論であるといっていい。

ところで、そこにはすでに、石井に固有の術語《ターム》である作為／自然の二分法が覗けている。なぜ、「上世」と「近代」とは除外されるのか。それは、その二つの時代が〝つくられた天皇統治の時代〟であるからだ。ほかに理由はいらない。石井にとって、作為を排し、自然の側につくことは選択以前の選択なのだ。この選択の底にひそむ無意識の構造は、たいへん興味深いものにおもわれる。宣長以来の、漢意《からごころ》批判の、ある精神の系譜上に位置を占めるともいえるはずだ。

それゆえ、第二に、作為／自然の二分法について。

第七編「天皇統治の実体と国体」の冒頭は、以下のように書き出される。

前記のような変遷をへて、今日みる天皇制が成立したのであるが、この永き変遷においてとくに注目すべきは、その自然な発展の形においては、天皇親政の形態が現われなかったことである。前記の諸変遷のなかにおいて、天皇親政が標榜され、かつ行なわれたのは奈良時代を中心とする上世と近代だけである。ところが、この両時代とも、外国法継受時代である。……

この中国的な天皇とプロシア的な天皇、この両者ともに、天皇の自然の姿ということはできないであろう。それは明確に外国の一定の型にならって意識的につくられた天皇である。

それでは右のような外国の影響がなくて、自然に放置された場合、天皇制はどういう形態をとったであろうか。それは、天皇は執政せず、という形態であった。

親政という〝つくられた天皇〟にたいして、不親政という〝自然な姿〟が対置される。作為／自然の二分法が鮮やかである。とにかく、石井にとっては、不親政こそが天皇制の特質であり、自然な形態なのである。親政は天皇制の自然の姿ではない。微妙な言葉が択ばれている。不親政は〝天皇制の本質とまではいえずとも、少なくともその本来の姿であるとはいいうる〟といった具合に。歴史研究に本質論議をもちこむことの愚かさを、石井はよく承知しているのだ。厳密さを尊ぶ歴史家の習性が思わずかけた歯止め、とでもいってみたい気がする。

ところで、不親政が天皇支配の自然の姿であるとしながら、石井が歴史家の厳密さをつらぬいている場面が、ほかにもある。たとえば、次のような箇所だ。

> 江戸時代以前において、天皇支配の自然の姿は執政せず、ということにあったのである。しかし、その執政せずということも、形態は同じでも、時代によって、その意味が大いに異なることを注意しなければならない。上代および摂関政治時代における天皇は執政せずというのは、天皇に全国的な統合権が存することを前提としたものというべきである。ところが、鎌倉幕府成立以後、幕府は一面では、天皇の委任の府たる性格を有したが、他面では、独自の政権を有したのであり、そして次第に前者の面がうすれ、後者が発達したのである。……近世に入ると、こういう委任の面はまったく消滅したといってよい。ここに至っては、天皇は執政せず、というのは、天皇は統治権を有するも執政せずというのではなく、天皇には実質的な統治権がなく、したがって執政する余地がなかったのである。

石井はここで、ひと口に不親政といっても、時代によってその性格をおおいに異にしてきたことを指摘している。ことに、近世の天皇について、〝実質的な統治権がなく、したがって執政する余地がなかった〟と、いわゆる「委任論」（近世後期に台頭した、徳川幕府の権力は天皇によって委任されたものとみる説）をはっきり否定していることは注目されるところだ。すでに、第四編で近世の天皇について語りながら、〝王朝時代において、天皇に主権があったのだから、現在もあるのが当然であるとし、しかも実際はないという現象を説明するために、観念的につくり出された説明に過ぎない〟と、石井は「委任論」を批判していた。

天皇不親政の伝統は、いわばたいへん柔軟に押さえられているということだ。とはいえ、不親政という天皇制の本来のかたちこそが国体であり、それはいくらかの例外は含みつつも歴史的に一貫してきた、といった石井の理解の方位にすこしも変更はみられない。

先の引用に続けて、石井は次のように語っている。

全体をつうじて見ると、明治以前において、日本歴史上、天皇の親政形態の行なわれたのはごく一部分であり、しかもそれは中国より輸入された作為的な天皇制であったのである。この点より見て、固有のそして自然的な姿における天皇制は、執政せずという形態であったといえよう。ここに君主制としての天皇制の、特殊な性格が存するものといわなければならないであろう。

作為的な天皇制／自然的な天皇制――、この奇妙な二分法は歴史学的な装いを凝らされてはいるが、しかし、あくまで石井に固有の無意識の作為の所産である。作為を排し、自然の側に無条件に帰服せんとする態度は、天皇ないし天皇制を、日本人の歴史の全体に通底する侵しがたい自然としてまるごと肯定したいという、ある意識せざる熱情に支えられている、というほかはない。

さて、作為の拒否／自然の選択は、以下の場面でもやや角度を違えつつ反復されている。

天皇の神格性がとくに強調されたのは、大化改新のときと、明治初年と昭和末期とこの三度であり、いずれも国家統一強化の目的をもって、天皇を戴く為政者によって、意識的になされたものである。これらの時期をのぞくと、天皇が神であるというような意識は乏しい。『古事記』に見える上代の天皇も、物語や小説に見える中世の天皇も、みな人間性に富んだ自然人である。

（引用文中の「昭和末期」は、敗戦までの昭和十年代をさすものとおもわれる）

石井はここでは、天皇の神格性（＝現人神）を明確に否定し、それを意識的につくられた天皇の貌として拒みつつ、〝自然人〟としての天皇という、すでに・つねにある先験的な像を択んでいる。およそ歴史のなかの天皇の姿からは縁遠い、〝自然人〟としての天皇というイメージのもつ作為性を、わたしたちはことあらためて指摘する必要もあるまい。

いずれにせよ、『天皇』における戦前の国体論批判は、幾重にも屈折している。屈折のなかに、石井は現代を、不親政の伝統＝国体にむしろ回帰した時代と位置づけようとしているかにみえる。こんな一節がある、――〝天皇統治は不親政の垂拱主義が本来の姿であり、ために非常にフレクシブルであり、したがって、時ありては親政形態にもなるが、時ありては形式的儀礼的な統治形態になることもある。しかし、自然な流れにおいて考えるとき、それは大体において、弱化の過程をたどったのである。こうして、到着した結果が、日本国憲法の定める天皇制なのである〟と。独特の認識が語られている。またしても自然である。天皇制が弱化の過程をたどり、日本国憲法のさだめる象徴に到りついたのは〃自然な流れ〃である、といった具合に。

この延長上には、〃自然な流れ〃であるがゆえに、戦後の象徴天皇制は尊ばれ守られねばならない、それこそが天皇制の本来の姿にもっとも深く根ざしているのだから、といった言説が、大きくせりあがってくることだろう。くりかえすが、天皇不親政論は歴史の衣裳をまとった、象徴天皇制イデオロギーの支柱のひとつだということだ。

3　自然状態

わたしはいま、『天皇』というテクストに埋めこまれた無意識の構造を、連続／非連続、また作為／自然というふたつの座標軸に沿って読み解いてきた。そのうえで、石井良助の天皇不親政論にたいする懐疑ないし批判をいくつか、ごく簡単に書き留めておくことにする。

ひとつは、作為／自然の二分法にかかわるものだ。いかなる状態を作為とみなし、自然と了解するのか。作為を排し、自然の側に立つ態度がつらぬかれている以上、それはいやおうなしに事実性の承認のレヴェルをこえて、価値判断の領域に踏みこまざるをえないだろう。しかも、ここには暗黙のうちに、外国の制度・文化の影響から無垢なままの、固有の、自然状態としての日本の制度や文化といったものの存在が想定されている。

たとえば、次のような石井の独特の用語法ないし発想のかたちに、注目してみたい。すでにわたしが引用したなかに、こんな表現が見いだされる、すなわち、――〝天皇統治の形態をその自然なる変遷において観察する限り〟、あるいは、〝外国の影響がなくて、自然に放置された場合、天皇制はどういう形態をとったであろうか〟と。こうした発想それ自体が孕む虚構性、そして、その背後に見え隠れする、ある一定の方位をもったイデオロギー＝物語の存在といったものに、眼を凝らさねばならない。

日本文化の層をなす最深部に、核としての固有なるもの・自然なるものが埋もれており、天皇制はその固有なるもの・自然なるものと一体不可分と信じられている。そうしたイデオロギー＝物語は、依然として根強い。しかし、日本文化の固有性の源泉であったはずの神道(原始神道)にすら、中国思想ことに道教が色濃く影を落としていることをおもえば、あるいは、天皇の祭祀が古代以来、神道・仏教(密教)・道教・陰陽道などの混淆した儀礼体系として営まれてきたことをおもえば、すでにそれだけで自然状態の天皇制など、想定すること自体が無意味だと知られるはずだ。自然／作為の二元論は、石井が信じているほどに自明ではないということだ。それは価値判断と無縁ではありえない。

いまひとつは、連続／非連続の腑分けにまつわるものだ。

天皇の統治における自然状態(なるもの)を不親政に見さだめ、それを国体とよび、その歴史的な連続性を語るとき、石井はわたしたちにいくつかの暗黙の了解を強いている。それは第一に、日本という国家を統治するのはすでに・つねに天皇であり、その天皇において国家の連続性(＝歴史的アイデンティティ)が保証されてきた、ということの承認だ。この語られざる承認なくしては、天皇制の歴史を日本国家の歴史として記述する『天皇』の構成そのものが、ありえなかったはずだ。

第二には、たしかに天皇親政の時期は一過的なものといえそうである。しかし、それ以外の、たんに執政せずという消極的な状態にすぎぬものを不親政なる言葉でくくり、そこに自然かつ本来的な(とされる)連続性が見いだされるとき、不親政はむしろ、積極的な理念に転化しているようにおもわれる。わたしたちが暗黙のうちに求められている承認の、これがふたつ目のものだ。

当然ながら、こうした暗黙の了解への加担を拒むとき、石井の天皇制における連続／非連続の腑分けもまた、懐疑にさらされざるをえない。ひとつだけ指摘しておく。

石井自身が論じているように、執政せずという状態に共通性はあっても、天皇に全国的な統治権が認められていた摂関期以前、武家勢力が天皇の委任を受けつつ、しだいに独自の権力へと成長していった中世、そして、もはや天皇には実質的な統治権がなく、執政の余地もなかった近世、この三つの時期における天皇のあり方は、かなり異質な内容を含んでいる。とても不親政などという言葉でひと括りにして済ましうるものではない。なにより、石井の定義にしたがって、国体が天皇の統治形態をさすならば、近世には国体は消滅していたとかんがえるべきではないか。すくなくとも、天皇制の連続性を不親政のなかにみることは、幾重にも危ういといわねばなるまい。

4　空虚の中心

天皇不親政論はあきらかに、天皇の人間宣言、そして新憲法にもとづく象徴天皇制の成立にともなって登場した、戦後思想のひとつの流れである。それは、現人神に祀りあげられた天皇による親政を旗印にかかげた戦前の国体論にたいする、根底的なアンチテーゼの試みではあった。むろん、天皇制批判といったものではない。石井良助はむしろ、『天皇』のそこかしこで皇室への尊崇感情を洩らしている。天皇不親政論は疑いもなく、天皇制ないし皇室を擁護するために(のみ)創られた戦後イデオロギーである。

津田左右吉や美濃部達吉といったオールド・リベラリストが、一様に天皇や皇室にたいして深い敬愛の念をもつ人々であったことは、よく知られているところだ。明治・大正期のゆるやかな天皇制のもとに育った人々と、昭和の軍部ファシズム下に生きた人々とは、その天皇制体験において大きな断層があったようにみえる。この断層はしかし、戦後生まれの者らにはひどく視えにくいものだ。体験における微細なズレや差異が、戦後の象徴天皇制にたいする距離や位置《スタンス》のとりかたを微妙に変えた。それは確実のようだ。

さて、しばしば不親政論の源流のように取り沙汰されてきた福沢諭吉の『帝室論』は、評価が実にさまざまだが、皇室への敬愛の情に浸されていることだけは否定しがたい。それゆえに、福沢は天皇や皇室が政争の具に使われることを望まなかった。現実の政治や社会の外部に、ある種の超越的な存在として置かれるべきことを主張したのである。『帝室論』の冒頭の一節――、

帝室は政治社外のものなり。苟も日本国に居て政治を談じ政治に関する者は、

其主義に於て帝室の尊厳と其神聖とを濫用す可らずとの事は、我輩の持論にして、之を古来の史乗に徴するに、日本国の人民が此尊厳神聖を用ひて直に日本の人民に敵したることなく、又日本の人民が結合して直に帝室に敵したることもなし。
（全集第五巻所収）

『帝室論』の刊行された一八八二（明治十五）年には、天皇の場所は親政／不親政、権力／権威……のあいだをさだめなく揺れていた。福沢は皇室を〝政治社外〟に置き、その尊厳と神聖とを濫用すべからずの原則をうちたてることを望んだのだ。福沢は書いている、〝今日国会の将さに開《ひらけ》んとするに当て、特に帝室の独立を祈り、遥に政治の上に立て下界に降臨し、偏なく党なく、以て其尊厳神聖を無窮に伝へんことを願ふ〟と。その後の天皇と皇室をめぐる歴史が、福沢の意に反して、さまざまの勢力による、ほしいままの尊厳と神聖の濫用に終始したことは周知のところだろう。

福沢の天皇制論をもうすこし追ってみる。福沢によれば、皇室は人民がそれによって社会の安寧を維持するためのものであり、日本人民の精神を収攬する中心であるという。西洋のひとりの学者が帝王の尊厳威力を論じたのに倣えば、〝一国の緩和力〟とも称しうるだろう。あるいは、次のように語られている。

人或は我帝室の政治社外に在るを見て虚器を擁するものなりと疑ふ者なきを期す可らずと雖ども、……帝室は直接に万機に当らずして万機を統べ給ふ者なり。直接に国民の形体に触れずして其精神を収攬し給ふものなり。専制独裁の政体に在ては、君上親から万機に当《あたり》て直に民の形体に接するものなりと雖ども、立憲国会の政府に於ては、其政府なる者は、唯全国形体の秩序を維持するのみにして、精神の集点を欠くが故に、帝室に依頼すること必要なり。人生の精神と形体と孰れか重きや。精神は形体の帥《すゐ》なり。帝室は其帥を制する者にして、兼て又其形体をも統べ給ふものなれば、焉《いづくん》ぞ之を虚位と云ふ可けんや。

皇室すなわち天皇は、万機に当たらずして万機を統べる者、国民の形体に触れずして精神を収攬する者であるという。いわば、直接の統治権者として国民にたいすることはないが、その精神を収攬する中心として、重要な役割をはたすのである。〝虚器〟とは実権をともなわない地位の意であろうか。皇室を政治・社会の外に置くことは、かならずしも〝虚器を擁する〟ことを意味しない、と福沢は批判を予期しつつ書いた。実際、『帝室論』は皇室を〝虚器〟に貶《おとし》める議論として、攻撃されたともいう。

しかし、〝虚器〟なる言葉から負の衣裳を剝がしてやれば、まさにそれは象徴である。むしろ、新憲法の象徴規定は、福沢のいう〝人心収攬の中心〟ないし〝一国の緩和力〟から、たんなる〝虚器〟にいたるまでの、多様な解釈を許容する概念であるというべきだろうか。象徴の解釈をめぐってのさまざまな議論の原形は、すでに『帝室論』のなかに見いだされるともいえるはずだ。

〝虚器〟すなわち空虚の器であろうか。たとえば、ロラン・バルトの『表徴の帝国』の一節に描かれた、〝空虚の中心〟としての皇居＝天皇というイメージが、たちまちにして一定の呪縛力をもって受容されるにいたったのは、わたしたちのなかに天皇を〝虚器〟とみなす眼差しが、あらかじめ自明なものとして存在したためであるのかもしれない。バルトはこんなふうに書いている。

> わたしの語ろうとしている都市(東京)は、次のような貴重な逆説、《いかにもこの都市は中心をもっている。だが、その中心は空虚である》という逆説を示してくれる。禁域であって、しかも同時にどうでもいい場所、緑に蔽われ、お濠によって防禦されていて、文字通り誰からも見られることのない皇帝の住む御所、そのまわりをこの都市の全体がめぐっている。毎日毎日、鉄砲玉のように急速に

精力的ですばやい運転で、タクシーはこの円環を迂回している。この円の低い頂点、不可視性の可視的な形、これは神聖なる《無》をかくしている。現代の最も強大な二大都市の一つであるこの首都は、城壁と濠水と屋根と樹木との不透明な環のまわりに造られているのだが、しかしその中心そのものは、なんらかの力を放射するためにそこにあるのではなく、都市のいっさいの動きに空虚な中心点を与えて、動きの循環に永久の迂回を強制するために、そこにあるのである。このようにして、空虚な主体にそって、〔非現実的で〕想像的な世界が迂回してはまた方向を変えながら、循環しつつ広がっているのである。

バルトの直観はたしかに、天皇制のもつ貌のある側面をメタファーの力で巧みに掬いとっている。天皇の住まう御所が、〝禁域であって、しかも同時にどうでもいい場所〟であり、その空虚な中心はまた、〝神聖なる《無》〟でもある、といった捩れた逆説の光景。わたしたちが日常的に体験している、かぎりなく無に近い禁制の根源とでもいうべき天皇制の在りように、それは奇妙に届いている。不思議な説得力がある。そして、それはひたすら衛生無害な、毒にも薬にもならぬ解釈《イメージ》であることもまた確実だ。

それにしても、象徴という曖昧模糊とした言葉の周辺に、なんと数多くのメタファーとしての天皇制が語られ、紡がれてきたことか。天皇制への否定／肯定の意志にかかわりなく、メタファーとしての天皇制は例外なしに、象徴天皇制を再認＝更新するための物語の渦なす運動のなかに巻きこまれる。まるでブラックホールのように、象徴天皇制はみずからのために紡ぎだされる物語たちを愛で、呑み尽くし、喰らい尽くし、肥え太りつづけてきたのだ。

不親政論をはじめとする、理念的／非理念的なメタファーとしての天皇制論を、いわば可能にしている言説の磁場といったものが、疑いもなく存在する。ここでは、視点をかえて、そうした言説の磁場《パラダイム》そのものを突き崩す作業に手を染めてみたい。あらためて不親政論に対象を限定する。天皇制の本質は親政か不親政か、といった問いそれ自体を無効にするような場所に出ることはできないか、ということだ。

天皇を孤立した個的存在として論じる方法のもつ限界を、あきらかにする必要がある。かつて、天皇は朝廷とよばれる、排他的な支配共同体に擁される存在であった。天皇を中心にして、天皇・皇族と貴族、または貴族相互の濃密な血縁・婚姻関係によって、朝廷＝支配共同体はつくりあげられていた。この朝廷が近世の弱体化をへて、最終的に解体されたのは、実は明治維新のことである。維新政府をになった人々は、個としての天皇だけを権威の源泉(=「玉《ギヨク》」)ゆえに必要とし、貴族的な伝統・背景・勢力から天皇を分断する目的をもって、朝廷を解体したのだといわれる。そして、敗戦によって、さらに天皇は孤立した存在と化した。

わたしたちはいま、天皇を剝きだしの個として眺めることに慣れ、それが天皇制の長い歴史のなかではむしろ異例ともいえる、比較的新しく生じた状況であることを忘却している。些細なことがらと感ぜられるかもしれない。しかし、これが意外なほど大きな意味を秘めているのだ。個としての天皇の登場をまってはじめて、天皇が親政であったか/不親政であったかが、問題として浮上してくる。つまり、不親政論は天皇が個の場所に還元されてゆく度合いに応じて、問題としての強度を高めてきたということだ。

不親政論の描いてみせる天皇像は、たとえば、天皇は歴史上つねに政治支配の生々しい現場からは距離をとり、あらゆる勢力のうえに精神的権威をもって超然と立ち、それゆえに、権力の分泌する悪や穢れから無縁でありつづけてきた、といったイメージであろうか。事実、個としての天皇をひとつの現象《あらわれ》として眺めてみれば、本質論といった水準ではなしに、政治権力からいくらかの距離をとって存在する祭司ないし儀礼執行者であった、といってさしつかえない。だから、この側面をとらえて、天皇について「空虚な中心」「ゼロ記号」「中空構造」「歌舞伎の座頭」などと比喩的に語り、また「一国の緩和力」「不親政」「文化的求心力」「象徴」などと規定することも、そのかぎりでは、一定の解釈の正当性を有している。

だが、むろん問題はこの先にある。近代以降の所産であるらしい個としての天皇を、歴史のなかに投げ返してやることが必要だ。歴史のなかの天皇はつねに・すでに、政治的権力を握る支配共同体(＝狭義の国家)によって、その支配の正統性を保証してくれる宗教的権威の源泉として擁され、祀り上げられてきた。いわば、天皇は素裸の個ではなく、支配共同体の一員として、そのヒエラルキーの上方に隔離されつつ戴かれる存在であったのだ。こうした日本的な支配共同体の構造を、システムとしての天皇制とよんでみたい。

問題をシステムとしての天皇制の水準に設定するとき、もはや天皇個人が親政であったか／不親政であったかといった問いは、問いとしての切実さの大半を失ってしまうはずだ。天皇は支配共同体の上方に、あるいは周縁に、つねに・すでに鎮めおかれる権威の究極の源泉(＝「玉」)であった。そして、この天皇を権威の源泉として戴く支配共同体は、清浄でも無垢でもなく、刃に血塗らずの平和主義でもなく、空虚な存在でもなく、まさに剝きだしの権力そのものであったのだ。それが天皇の、ではなく、天皇制の歴史における紛れもない現実である。

天皇不親政論はたしかに、戦前の国体論への批判を起点にすえて、そこから新たな民主主義と共存する象徴天皇制のイメージを歴史的な装いのもとに創りだそうとしてきた。いま、わたしたちの前にあるのは、ある種の呪力をもって広く流通している不親政論である。不親政論が、あるいは広義にいってメタファーとしての天皇制論が、意識すると否とにかかわらず隠蔽しているモノに、わたしたちはさらに眼を凝らさねばならない。それはあきらかに、ほかならぬ象徴天皇制を問う作業の一環である。

第四章　文化概念

1　人間宣言

三島由紀夫の天皇制をめぐる言説は、しばしば理念と現実との奇妙なよじれや倒錯を孕み、読み手であるわたしたちを困惑させる。たとえば、三島は『文化防衛論』(一九六九)のなかで、天皇とはいかなる政治権力の象徴でもなく、ひとつの大きな鏡のように日本文化のすべてを映しだすものである、と語った。それははたして歴史のなかの天皇制の現実であったか。そうであるよりはむしろ、三島の理念の鏡に映しだされた天皇制のあるべきイメージであった、というほうが正確であるにちがいない。

『文化防衛論』の「あとがき」のなかで、三島はこう書いている、――〝私の唱える文武両道のうち、本書は純粋に「武」に属しているのである。少なくとも私の「武」に属する現実行動を無視して、本書を語ることはできないし、私も亦、そのような行動の裏付なしに、こうした書物を書きたいとは毫も思わなかった〃と。ひどく頼りなげな文体だという気がする。三島の、この物言いは、結局のところ『文化防衛論』がテクストとしての自立性を持ちえていないことを、みずから語っているにすぎないのではないか。しかし、投げだされたテクストはテクストとして読まれるほかはない。すくなくとも現在のわたしには、三島の「武」に属したとされる実際の行動にたいする熱い関心はない。ここではただ、『文化防衛論』を投げだされた一編のテクストとしてのみ読むことにしたい。

『文化防衛論』が政治的言語で書かれたものだとすれば、それに先立つ小説「英霊の聲」は文学的な言語で書かれた、三島の天皇制論といえるだろうか。「英霊の聲」には、昭和天皇の人間宣言をめぐって、〃などてすめろぎは人間《ひと》となりたまいし〃という言葉がみえる。作中人物の声をそのままに作家自身の肉声と受けとることは、むろんできないにせよ、人間宣言への否定の意志はかなりの程度に三島自身のものであったはずだ。

やはり、「英霊の聲」にこんな一節がある——、

ただ陛下御一人《ごいちにん》、神として御身を保たせ玉い、

そを架空、そをいつわりとはゆめ宣《のたま》はず、
（たといみ心の裡深く、さなりと思《おぼ》すとも）
祭服に玉体を包み、夜昼おぼろげに
宮中賢所のなお奥深く
皇祖皇宗のおんみたまの前にぬかずき、
神のおんために死したる者らの霊を祭りて
ただ斎《いつ》き、ただ祈りてましまさば、
何ほどか尊かりしならん。

　この、神憑かりした青年の発する言葉のなかで、天皇は〝神のおんために死したる者らの霊〟を祀る祭司である。これをただちに、天皇即神論のように解するのは避けたい気がするが、天皇に聖性＝超越性を恢復したいという三島の強い意志はたしかに認められる。しかも、ここには遅れてきた者ゆえの焦燥が漂い、また、おそらくはそれゆえの、ある純粋培養された観念としての天皇のイメージが濃密に表出されている。それはしかし、時代錯誤の印象をまぬかれえないものだ。
　三島にとって、そうした天皇像がはたして戦前からの、いわば自明に受容されてきた既得のイメージであったのか、それとも、戦後のある時点にあらたに獲得されたイメージであったのか、わたしには判断がつかない。論証抜きでいっておけば、それはたぶん、なんらかの「学習」の過程をつうじて発見されたものだ。根拠はただ、「英霊の聲」の天皇イメージのうえに、たとえば和辻哲郎の一九四三(昭和十八)年の著作『尊皇思想とその伝統』の影が感じられる、といった程度のことにすぎない。みずから神を祀る祭司であるとともに/祀られる神でもある、記紀神話のなかの天皇像を、和辻はくりかえし語った。わたしの念頭にあるのは、『尊皇思想とその伝統』にみえている、以下のような和辻に固有とおもわれる思想だ。

その神聖性は常に背後から与えられる。しかもその背後には究極的な神があるわけではない。ただ背後にある無限に深い者の媒介者としてのみ、神々は神々となるのである。これは言いかえれば、神々は祀られるとともに常に自ら祀る神である、というにほかならない。しからばその神々は、祀る神としての現御神と本質においても異なるものではないのである。

(全集第一四巻所収)

祭祀も祭祀を司どる者も、無限に深い神秘の発現し来る通路として、神聖性を帯びて、く、る、。そうしてその神聖性のゆえに神々として崇められるのである。しかし無限に深い神秘そのものは、決して限定せられることのない背後の力として、神々を神々たらしめつつもそれ自身ついに神とせられることがなかった。

（同上）

直接の影響関係があったか否かについては、判断を留保しておく。ただ、わたしが和辻哲郎を思い浮かべたのは、けっして唐突にではない。『文化防衛論』のなかには、和辻の『国民統合の象徴』を好意的に取りあげた箇所があり、〝文化概念としての天皇制〟といった発想のスタイルにも、和辻の戦後の天皇制論と類似したものを感じるのだ。これに関してはのちにふたたび触れる。

それにしても、「英霊の聲」と『文化防衛論』のあいだには、言語表出の水準が文学的であるか／政治的であるかといった違いとは、やや異質な、ある隔たりが秘められているようにおもえてならない。たとえていえば、和辻の戦前の『尊皇思想とその伝統』と戦後の『国民統合の象徴』とのあいだの、視えにくい隔たりに似ている。三島のなかに、理念の極北として「英霊の聲」の祀る神にして祀られる神である天皇があり、現実にひき寄せられた理念型として、『文化防衛論』の〝文化概念としての天皇〟があったといえるだろうか。『文化防衛論』の天皇像を追ってみることにする。

2　和辻／三島

三島由紀夫は『文化防衛論』所収の「学生とのティーチ・イン」のなかで、天皇は権力ではないと述べている。三島によれば、権力とは〝他を拒絶することによって自己を定立する力〟であり、それゆえに、何ものをも拒絶しない天皇は権力ではない、という。いわば、三島は〝政治概念としての天皇〟を否定しているのである。戦前のような天皇制を利用した軍閥政治の復活も、政治的責任を負う立場に天皇をもってくることも、天皇親政といったことも、三島はあきらかに否定し、そうした〝政治概念としての天皇〟の復活の危険などはない、と断言する。嘘や隠された意図といったものは感じられない。

〝政治概念としての天皇〟にたいして、それよりも自由で包括的なものである（とされる）〝文化概念としての天皇〟が、随所で語られる。三島の状況認識によれば、戦後の米軍占領下にかろうじて維持された天皇制は、そのふたつの側面をいずれも無力化し、俗流の官僚・文化人の大正的教養主義の帰結として、大衆社会への追随のすえに、いわゆる〝週刊誌天皇制〟の域にまでその権威《ディグニティ》を失墜せしめられた。そして、天皇と文化とは相関わらなくなり、左右の全体主義に対抗する唯一の理念としての〝文化概念としての天皇〟の復活と定立は、ついに試みられることなくして終わった、という（「文化防衛論」）。戦前のような〝政治概念としての天皇〟への復古を拒み、戦後憲法下の小泉信三の演出になる、ディグニティの喪失とひき換えの〝週刊誌天皇制〟を否定し、いわば第三の途として〝文化概念としての天皇〟が選択されているのだ。

> 言論の自由を保障するだけでは足りないので、我々の伝統と我々の歴史の連続性を保証するものでなければならん。そのためには天皇制が今のままであっては困るので、政治概念としてでなく、歴史的な古い文化概念としての天皇が復活しなければいかん。ですから天皇を憲法改正で元首にするとかしないとかいう問題ではなくて、天皇の権限よりも、天皇というものを一種の文化、国民の文化共同体の中心として据えるような政治形態にならなきゃならん。
>
> （「学生とのティーチ・イン」）

天皇を〝国民の文化共同体の中心〟とする政治形態、という。この文化共同体なる言葉が、和辻の『国民統合の象徴』にみえる術語《ターム》であることはいうまでもない。実際、三島は「文化防衛論」のなかで、和辻の論考「国体変更論について佐々木博士の教えを乞う」の文化共同体に触れた一節を引用している。わたしもまた引用した箇所である(第二章)が、三島の〝文化概念としての天皇〟の理論的な出自をかんがえるためには、重要とおもわれるので煩瑣をいとわずあらためて引く。和辻が民主主義と天皇とのあいだの矛盾を除こうという理論構成上、文化共同体としての国民の概念を強調し、天皇を国家とすら分離しようとしていることを、三島が的確に押さえていることに注意したい。

ところでわたくしが前に天皇の本質的意義としてあげたのは「日本国民統合の象徴」という点であって、必ずしも国家とはかかわらないのである。もし「国民」という概念がすでに国家を予想しているといわれるならば、人民とか民衆とかの語に代えてもよい。とにかく日本のピープルの統一の象徴なのである。それは日本の国家が分裂解体していたときにも厳然として存したのであるから、国家とは次序の異なるものと見られなくてはならない。従ってその統一は政治的な統一ではなくして文化的な統一なのである。日本のピープルは言語や歴史や風習やその他一切の文化活動において一つの文化共同体を形成して来た。このような文化共同体としての国民あるいは民衆の統一、それを天皇が象徴するのである。日本の歴史を貫ぬいて存する尊皇の伝統は、このような統一の自覚にほかならない。

（傍点和辻）

天皇の本質は権力ではなく、権威であり、したがってそれは国家とは次序を異にするものであって、天皇が象徴するのは、文化共同体としての国民ないし民衆の統一である、と和辻はいう。〝文化概念としての天皇〟について三島が語る際の、基本のラインはほぼ、和辻が戦後間もなく『国民統合の象徴』にしめした天皇制のイメージに沿ったものだ。文化共同体を象徴的に背負った天皇という、和辻のイメージの底に、おそらくは『尊皇思想とその伝統』の祀る神にして祀られる神である天皇が沈められていたように、三島の場合にも、〝文化概念としての天皇〟の背後に、「英霊の聲」の聖なる天皇が透けて見える気がする。

3 没我の王制

わたしの理解によれば、歴史のなかの天皇は古代以来みずから権力の統轄者の座に就くか否かにかかわらず、それぞれの時代の政治的権力に支配の正統性をあたえる、宗教的威力の源泉として立ちあらわれてきた。三島の語るところとは逆に、天皇は一義的には政治的権力の象徴であって、文化にかかわる貌はそれに附随して副次的にあらわれた側面にすぎない。三島は〝政治概念としての天皇〟に対置して、それよりも自由かつ包括的な〝文化概念としての天皇〟のイメージを描いてみせたが、たぶんそこには、理念／現実をめぐってのある倒錯的な眼差しが沈められている。

意外に聞こえるかも知れないが、『文化防衛論』には、戦後憲法下の象徴としての天皇を否定する記述はほとんど見いだされない。むしろ逆に、象徴という空虚な器に、いかにして豊饒なる理念を盛ることができるかに、三島の心血が注がれていたかにみえる。たとえば、『文化防衛論』所収の「反革命宣言」には、天皇は〝われわれの歴史的連続性・文化的統一性・民族的同一性の、他にかけがえのない唯一の象徴〟である、と語られている。象徴という言葉なり理念なりの中身が問われなければならない。

ある意味では、『文化防衛論』にまとめられた駆け足の論考群は、三島による象徴天皇制論の試みともいえるかもしれない。

「反革命宣言」にはまた、天皇はいかなる政治権力の象徴でもなく、ひとつの鏡のように日本文化の全体性と連続性を映しだすものである、とみえる。この鏡の比喩は、「学生とのティーチ・イン」のなかでも使われており、三島による象徴の解釈の重要な部分をなしていたとおもわれる。

> 天皇とは何であるか。天皇は権力じゃないのです。天皇はつまり何ものも拒絶しないのだから権力じゃないというのが、私の基本的な考えであります。これを象徴するのが八咫鏡であります。つまり天皇の鏡は国民の一人々々の顔が全部映ってしまう鏡だというふうに考えております。……天皇というものはすべてを映すリフレクションというような機能であって、権力が機能ではない。文化というものは多様性と自立性ということなしには一刻もあり得ないものですから、その文化の多様性と自立性というものはすべて天皇の鏡にそのまま包含されるような形で許されるのですね。天皇はキリスト教的な一神教的な神ではありませんから、あらゆる言論自由下の文化をすべて包含するというのが、文化の象徴としての天

皇の反射的機能といいますか鏡の機能だと私は思います。

天皇は一神教的な神に対比されている。それは何ものをも拒絶・排斥しないがゆえに、文化の多様性と自立性をそのままに包含しつつ映しだす鏡である、とされる。天皇が否定されることは、それゆえ文化の全体性を映す鏡が破壊されることであり、そのとき自分たちの文化のアイデンティティは失われるだろう、という。鏡の比喩を三種の神器のひとつである八咫鏡と連結させているところに、関心を覚えるが、三島にはそれを神学の域にまで高め、たとえば『尊皇思想とその伝統』のような本を書くだけの余裕も、あるいは能力もなかったというべきだろうか。

三島はここで、しきりに文化の全体性という術語《ターム》を使っている。全体性なる言葉がまた、和辻が固有の意味を託して多用したものであったことを想起しておこうか。三島によれば、文化の全体性とは、あらゆる形態の全体主義との完全な対立概念であり、時間的連続性と空間的連続性とが不可欠の構成要素になる、という。前者には伝統・美・趣味が、後者には生の多様性がふくまれる。あとの生の多様性を保証するのは、言論の自由であり、だからこそ、文化の第一の敵は言論の自由を最終的に保障しない政治体制である、と三島はいう。

〝文化を全体的に容認する政体は可能かという問題は、ほとんど、エロティシズムを全体的に容認する政体は可能かという問題に接近している〟といった、「文化防衛論」の一節などは、文化の全体性とは全体主義の対立概念だとする三島の志向の、ある不透明な、秘められた部分を垣間見せている。いわば、生の多様性があらゆる場面で絶対的に解き放たれたとき、避けがたく招来するにちがいない無秩序《アナーキー》を、いかに処理しうるか。そこに〝文化概念としての天皇〟が要請されるのだ。三島はいう、天皇という絶対的媒体なしには、詩と政治とは完全な対立状態におちいるか、政治による詩的領土の併呑におわるしかなかった、と。〝没我の王制〟たる天皇制だけが、詩と政治の対立を止揚し、文化の全体性をゆるやかに保証しうる唯一のシステムである――といったところに、おそらく三島の天皇論の秘められた主題が横たわっていたはずだ。

さて、三島は「文化防衛論」のなかで、以下のように語っている。

> 国と民族の非分離の象徴であり、その時間的連続性と空間的連続性の座標軸であるところの天皇は、日本の近代史においては、一度もその本質である「文化概念」としての形姿を如実に示されたことはなかった。……

すなわち、文化の全体性、再帰性、主体性が、一見雑然たる包括的なその文化概念に、見合うだけの価値自体《ヴェルト・アン・ジッヒ》を見出すためには、その価値自体からの演繹によって、日本文化のあらゆる末端の特殊事実までが推論されなければならないが、明治憲法下の天皇制機構は、ますます西欧的な立憲君主政体へと押しこめられて行き、政治的機構の醇化によって文化的機能を捨象して行ったがために、ついにかかる演繹能力を持たなくなっていたのである。雑多な、広汎な、包括的な文化の全体性に、正に見合うだけの唯一の価値自体として、われわれは天皇の真姿である文化概念としての天皇に到達しなければならない。

三島によれば、〝文化概念としての天皇〟こそが天皇の「真姿」であるが、近代の、明治憲法下には一度もその本質があきらかに示されることはなかった、という。それでは、いったいいつの時代に天皇はその「真姿」を生きてあったか。明示的には語られていないが、どうやら三島はみやびの文化が花開いた王朝時代を念頭に置きつつ、それを理念化したものらしい。

みやびの源流が天皇であるということは、美的価値の最高度を「みやび」に求める伝統を物語り、左翼の民衆文化論の示唆するところとことなって、日本の民衆文化は概ね「みやびのまねび」に発している。そして時代時代の日本文化は、みやびを中心とした衛星的な美的原理、「幽玄」「花」「わび」「さび」などを成立せしめたが、この独創的な新生の文化を生む母胎こそ、高貴で月並なみやびの文化であり、文化の反独創性の極、古典主義の極致の秘庫が天皇なのであった。しかもオーソドックスの美的円満性と倫理的起源が、美的激発と倫理的激発をたえずインスパイヤするところに天皇の意義があり、この「没我の王制」が、時代時代のエゴイズムの掣肘力であると同時に包擁概念であった。

三島に固有の美学が、天皇に仮託して語られているのだということは了解できる。みやびの源流にして、古典主義の極致の秘庫であり、そして、美的・倫理的な激発をよびさます〝没我の王制〟たる天皇。いずれであれ〝文化概念としての天皇〟について語る際に、三島が依拠する文化とは、みやびの源流としての天皇に収斂される王朝文化である。この美的価値の中心である天皇のまわりに、「みやびのまねび」としての民衆文化は配されている。いわば、文化における中心／周縁の構図であるが、ここではあらためて異を唱えることはしない。三島の文化概念がたいへん狭く限定的なものであることを、とりあえず指摘しておけば足りる。「みやびのまねび」ではない自立的な常民文化といったものは、三島の視野の外にはじめから排除されていたということだ。

4　永久革命

三島のいう〝文化概念としての天皇〟は、日本文化の全体性と連続性をあらわす、唯一にして〝窮極の価値自体〟である天皇をさしているのだという。文化的価値の源泉であり、唯一絶対の価値自体でもある天皇――。わたし自身は、こうした三島の言説からほとんどリアルな衝迫を受けることがない。それは三島由紀夫という作家が固有にいだいた、理念と幻想がない交ぜになったひとつの可能な像《イメージ》ではありえても、歴史の現場から生々しく立ちあらわれてくる天皇の姿からは、どこまでもかけ離れたものだ。美学上の論争にはなりえるかもしれない。が、そこから天皇制をめぐる普遍的な言葉戦いの地平がひらかれてくるとは、到底おもえない。

三島はこうした〝文化概念としての天皇〟を、近代史のなかでは一度も開示されることのなかった天皇の「真姿」として、それゆえ、自分たちが到達しなければならぬ理念化されたイメージとして語った。三島にとって、政治的にも文化的にも無力な存在と化した戦後の象徴天皇制はむろんのこと、明治以後の天皇制もまた、〝文化概念としての天皇〟という理念形態からは遠くかけ離れたものであった。二・二六事件の蹶起将校たちのみやびに加担する三島であってみれば、それは当然の評価ではあった。

　ところで、三島が「文化防衛論」のなかで〝天皇制国家へのルサンチマンに充ちたかのごとき、有名な〟と評し、批判的に取りあげている丸山真男の「超国家主義の論理と心理」(一九四六)には、以下のような興味深い一節がみえる。すでに第一章でも引用した箇所ではあるが、あらためて引く。

> 明治維新に於て精神的権威が政治的権力と合一した際、それはただ「神武創業の古」への復帰とされたのである。天皇はそれ自身究極的価値の実体であるという場合、天皇は前述した通り決して無よりの価値の創造者なのではなかつた。天皇は万世一系の皇統を承け、皇祖皇宗の遺訓によつて統治する。……かくて天皇も亦、無限の古にさかのぼる伝統の権威を背後に負つているのである。天皇の存在はこうした祖宗の伝統と不可分であり、皇祖皇宗もろとも一体となつてはじめて上に述べたような内容的価値の絶対的体現と考えられる。

(『増補版　現代政治の思想と行動』所収)

このあとには、三島自身も引用している次のような一節が続く。〝(丸山)氏が否定精神によってかくも透徹的に描破した〟と、引用のかたわらに、三島が書きつけていることを記憶しておきたい。

天皇を中心とし、それからのさまざまの距離に於て万民が翼賛するという事態を一つの同心円で表現するならば、その中心は点ではなくして実はこれを垂直に貫く一つの縦軸にほかならぬ。そうして中心からの価値の無限の流出は、縦軸の無限性(天壌無窮の皇運)によつて担保されているのである。

それ自身が究極的価値の実体であり、その絶対的な体現者である天皇、というイメージ。丸山はそれを、明治以後の近代天皇制に関して語っている。しかも、伝統(=時間的な連続性)をそれ自体の内に宿した天皇を中心として、そのまわりに万民が翼賛する同心円(=空間的な連続性)によって、近代天皇制の構造把握がなされているのだ。丸山はまた、別のところではこう述べている、――〝国家が「国体」に於て真善美の内容的価値を占有するところには、学問も芸術もそうした価値的実体への依存よりほかに存立しえないことは当然である〟と。くりかえすが、丸山はこれを、ほかならぬ近代天皇制について指摘しているのだということに注意したい。

　近代には一度もその「真姿」をあらわしたことがない、到達すべき理念形態としてのみ三島が語った〝文化概念としての天皇〟が、丸山真男によって、むしろ近代天皇制の現実として炙りだされている、と読むことは可能だろうか。三島はたとえば、文化の全体性と連続性をあらわす価値自体としての天皇からの演繹によって、〝日本文化のあらゆる末端の特殊事実までが推論されなければならない〟といい、近代の天皇制がこの演繹能力を失っていたことを語った。これにたいして、丸山は近代天皇制のもとでは、真善美の内容的価値が国体それゆえ天皇に占有され、信仰・学問・芸術といった、いわば文化の全体が天皇という〝価値的実体への依存よりほかに存立しえない〟状況にあったことを、批判的に語った。まるでネガ／ポジのように、三島／丸山の天皇制をめぐる言説はここで、同じ構図をさししめしているとはいえないか。

　三島が未来にむけて、一個の到達すべき理念として描いてみせた〝文化概念としての天皇〟は、実のところ、ほんの間近い過去に卑小なる現実として転がっていたのかもしれない。当然ながら、三島は〝文化概念としての天皇〟の帰結が、あるいは制度としての完成形態が近代天皇制であったといった了解には、断じて同意しなかったはずだ。しかし、丸山がその否定精神によって鋭利に切りとってみせた近代天皇制の風景は、〝文化概念としての天皇〟の、いわば挫折させられた現実であったとはいえないだろうか。

とはいえ、三島にとっては一貫して、明治憲法のもとでの近代天皇制は否定の対象であった。その否定は幾重にも屈折している。三島は〝永遠の現実否定〟として、天皇制を語った。そうした〝絶対否定的国体論(攘夷)〟から天皇を簒奪しつつ、他方で、〝道義的国家の擬制〟をもったのが、近代天皇制であったという。

こんな一節が、「『道義的革命』の論理」(『文化防衛論』所収)にみえる。

> あらゆる制度は、否定形においてはじめて純粋性を得る。そして純粋性のダイナミクスとは、つねに永久革命の形態をとる。すなわち日本天皇制における永久革命的性格を担うものこそ、天皇信仰なのである。しかしこの革命は、道義的革命の限定を負うことによって、つねに敗北をくりかえす。二・二六はその典型的表現である。

こうした〝永遠の現実否定〟としての天皇信仰は、おそらく、それゆえに美と道義にねざしたテロリズムを招《お》ぎ寄せずにはおかぬ。三島はみやびについて語りながら、それは非常のときにはテロリズムの形態さえ取った、という。国家と民族が分離状態におかれているとき、その非分離を恢復せしめようとする変革の原理として、〝文化概念としての天皇〟が作用する。ところが、一筋のみやびに発する天皇のための蹶起は、文化様式に背反しないかぎり容認されるべきであったが、〝西欧的立憲君主政体に固執した昭和の天皇制は、二・二六事件の「みやび」を理解する力を喪っていた〟という。三島の二・二六事件の解釈それ自体には、関心がない。

三島はまたこんなふうに述べている、――〝文化上のいかなる反逆もいかなる卑俗も、ついに「みやび」の中に包括され、そこに文化の全体性がのこりなく示現し、文化概念としての天皇が成立する、というのが、日本の文化史の大綱である。それは永久に、卑俗をも包含しつつ霞み渡る、高貴と優雅と月並の故郷であった〟（「文化防衛論」）と。三島のみやびを核とした日本文化史の構想は、それとして措く。むしろ、反逆も卑俗もともに包括する、テロリズムという名のみやびを理解し、それを美的・倫理的な激発として包擁するような〝文化概念としての天皇〟などといったものが、いったい、わたしたちの歴史のどこに存在したかという問いを、三島に投げかけてみたい気がする。

それにしても、一九六〇年代の末を生きてあった三島由紀夫にとって、最大の課題は民主主義(＝言論の自由)を認めつつ、いかにして天皇の聖性＝超越性を恢復することができるか、という問いに収斂するものであったようにみえる。和辻が戦後間もなく立たされていた場所に、それはよく似ている。和辻が外的な条件によって、その場所にいやおうなしに立ち到ったのだとしたら、三島はより内面的なプロセスをへて同じ場所に辿りついたといえるだろうか。

もはや天皇は神にはもどれない。文化共同体の中心として、文化概念として救済するしか方法はないのではないか。和辻が『尊皇思想とその伝統』を表層から沈めざるをえなかったように、三島もまた、「英霊の聲」の祀る神にして祀られる神である天皇といった像が、人間宣言により天皇が不可逆に神から人間への道行きを辿った、この象徴天皇制の時代に、そのままに受容されうるなどと信じていたわけではあるまい。三島はそれを、とりあえず文学的な言語の裡がわに封じこめ、〝文化概念としての天皇〟を政治的な言語の水準に表出することを択んだのだ。

三島の「武」に属する(――と三島自身が信じていた)行動の、ささやかな置き土産として、『文化防衛論』という奇妙な、馴染みにくい著作が残された。「英霊の聲」の祀る神にして祀られる神でもある天皇はむろんのこと、『文化防衛論』の〝文化概念としての天皇〟もまた、色褪せたアナクロニズムの産物としてとうに忘れ去られた。三島の蔑んだ俗なる大衆によって……。それでもなお、三島の描いた天皇のイメージに、象徴天皇制の現在に揺さぶりをかけるだけの力は孕まれているか、という問いは可能だ。その答えがいずれであっても構わない。わたしたちはただ、『文化防衛論』が実は、三島の、〝没我の王制〟という幻想に裏打ちされた象徴天皇制論の試みでもあったことを、記憶にとどめておけばそれでよい。

II

第一章　村の祭り

1　近代の大嘗祭

わたしたちはこの秋、近代になって四度目の大嘗祭を体験することになる。一八七一年に東京で、一九一五年と一九二八年に京都でおこなわれた大嘗祭は、それ以前の大嘗祭とはあきらかな断絶を孕んでいた。それをひと括りにして、近代の大嘗祭とよぶことは可能だろうか。やがて一九九〇年秋に東京でおこなわれようとしている大嘗祭は、疑いもなく、この近代の大嘗祭の延長上におかれている。一九四六年元旦のいわゆる人間宣言を境に、天皇は現人神から人間へと劇的に変貌を遂げたはずだが、わたしたちは平成の大嘗祭のなかに、人間宣言などには関わりなく連続する天皇制の歴史的なアイデンティティを、再認させられることになるのだろうか。

近年の歴史学の領域における研究の深まりによって、大嘗祭が太古以来の不変性といった仮象を剝がされ、時代に応じて幾多の変遷をへてきた祭儀であるという当たり前のことが、ようやく認められるようになった。大嘗祭の成立は七世紀末とするのが、最近ではほぼ通説となっているが、それが文献史料として具体的な姿をもって書き留められるのは、さらに遅れて九世紀半ば以降のことである。そして、中世の応仁の乱の頃から二百二十年間にわたって、大嘗祭が廃絶され、近世の半ばになって古い記録・文献にもとづく復興がなされたことも、よく知られるようになった。さらに、近代のはじめに、もう一度大嘗祭は新しい時代に沿う形で、大きな変更を加えられ再編成されている。天皇制の歴史的なアイデンティティ(＝連続性)の核としての大嘗祭というイメージは、しだいに崩れつつあるということだ。

さて、近代の大嘗祭をかんがえるためには、いくつかの予備知識が必要になる。明治期における天皇の即位儀礼の再編成にみられる、ある固有のイデオロギー的な方位といったものに眼を凝らすことにしよう。

第一に、近世まで、大嘗祭・即位礼をふくむ天皇の即位儀礼の全体は、ひと連なりの神仏習合的な儀礼体系として構成されていた。明治の再編によって、儀礼プロセスの全体から、唐風および仏教・陰陽道・道教的な要素がことごとく排除されることで、唐風であった即位礼は神道風に変更され、大嘗祭は純神道的な性格を鮮明にし、あらためて即位儀礼の中核として位置づけられた。第二に、近世の大嘗祭は、畿内の神仏勢力や在地からの献納・奉仕と、幕府の財政的援助のもとにおこなわれていた。その、あくまで京都周辺の権威＝権力の祭祀であったものを、日本の全国土を支配する権威＝権力の祭祀へと拡大するために、一八七一年の大嘗祭は京都ではなく東京で挙行された。第三に、大嘗祭と即位礼という、二つの実施時期も形式も異なる儀礼が「大礼（典）」として一括されるのは、一八八九年の皇室典範においてである。皇室典範の制定によって、天皇の即位儀礼は法＝制度的にも、まったく新しい装いをあたえられることになった。

明治初頭の大嘗祭に際して神祇省が公布した告諭書は、近代の大嘗祭の性格をたいへん鮮やかに浮き彫りにしており、興味深いものである。明治以降に公にされてきた大嘗祭の研究の多くは、ある意味では、この神祇省の周辺にいた国学系のイデオローグたちが起草したはずの告諭書がしめす、大嘗祭のイメージの枠内に、意識すると否とにかかわらず囲い込まれてきたような気がする。すくなくとも、柳田国男と折口信夫という、いまなお大嘗祭論の基層の風景の秘かなる担い手でありつづけている二人の思想家については、そういえるはずだ（――折口信夫に関しては、第二章を参照のこと）。

明治の大嘗会告諭は以下のようなものだ（段落分けして、番号を振る。引用は岩波日本近代思想大系2『天皇と華族』による)。

(1) 大嘗会《だいじょうえ》ノ儀ハ、天孫瓊々杵尊《ににぎのみこと》降臨ノ時、天祖天照大御神《あまてらすおおみかみ》詔シテ豊葦原瑞穂《とよあしはらみずほの》国《くに》ハ吾御子ノ所レ知国《しらさんくに》ト封ジ玉ヒ、及斎庭《ゆにわ》ノ穂ヲ授ケ玉ヒシヨリ、天祖日向《ひゅうが》高千穂宮ニ天降《あまくだり》マシ々々、始テ其稲種ヲ播《まき》テ新穀ヲ聞食《きこしめ》ス。是レ大嘗・新嘗ノ起原也。

(2) 是ヨリ御歴代年々ノ新嘗祭アリト雖モ、御即位継体ノ初、殊ニ大嘗ノ大儀ヲ行ヒ玉フコトハ、新帝更ニ斯《この》国ヲ所レ知食《しろしめ》シ、天祖ノ封ヲ受ケ玉フ所以《ゆえん》ノ御大礼ニシ〔テ〕、至尊御神、天祖、天神地祇ヲ饗祀《きょうし》マシ々々、辰日《たつのひ》至尊高御坐《たかみくら》ニ御シテ新穀ノ饗饌ヲ聞食シ、即チ酒饌ヲ百官群臣ニ賜フ。是ヲ豊明節会《とよのあかりのせちえ》ト云フ。

(3) 夫《それ》穀ハ天上斎庭ノ貴種ニシテ天祖ノ授与シ玉フ所、生霊億兆《せいれいおくちょう》ノ命ヲ保ツ所ノモノナリ。天皇斯《この》生民ヲ鞠育《きくいく》シ玉ヒ、以テ其恩頼ヲ天祖ニ報ジ、其天職ヲ奉ジ玉フコト斯ノ如シ。然則此大嘗会ニ於テヤ、天下万民謹ンデ、其御趣旨ヲ奉戴シ、当日人民悉《ことごと》ク廃務休業、各地方其産土神《うぶすながみ》ヲ参拝シ、戸々和楽シテ天祖ノ徳沢ヲ仰ギ、隆盛ノ洪福ヲ祝セズンバアルベカラザル也。

告諭の(1)では、大嘗・新嘗の起源がニニギノミコトの降臨神話にかさねられ、続く(2)では、大嘗祭を年ごとの新嘗から区別して、即位後はじめておこなわれる、新帝がこの瑞穂の国を統治し、天祖の封を受けるための大礼であることが強調されている。そして、(3)では、稲は天上の斎庭から天祖によってもたらされたもので、生霊億兆(=人民)の命を保つものであるとされ、それゆえに、天下万民は大嘗祭においては仕事を休み、地方ごとの産土神を参拝して、天祖の徳沢を仰ぎ隆盛の幸福を祝うようにと、民衆教化の言葉がかさねられてゆく。

いわば、この近代のはじまりに出された大嘗会告諭は、それまで天皇の即位の祭りなどとは無縁の場所で、およそ関心も知識もかけらすら持ちあわせずにきた民衆に、大嘗祭とは何かを宣伝《プロパガンダ》する目的をもって書かれているとみてよい。大嘗祭と天孫降臨神話とをあらわに連結させていること、瑞穂の国の王たる天皇と民衆《オオミタカラ》との関係を、稲を媒介項として神話的に説きあかしていること、また、村落レヴェルの産土神信仰を天皇の祭祀のヒエラルキーの末端に組みこもうとする志向が、顔を覗かせていることなどに、ここでは眼をとめておきたい。

2　大嘗祭と村の祭り

さて、ここでは、柳田国男の大嘗祭ないし新嘗祭をめぐる一群の言説を、近代において大嘗祭を基層からささえてきた思想《イデオロギー》の秘められた水脈のひとつとして掘り起こしてみたい。最近いくつかの論考が発表になっている。たとえば、谷川健一「近代『大嘗祭』批判――柳田国男の提言をめぐって」（『春秋生活学』第五号、一九八九秋）や、山下紘一郎「柳田国男の皇室観」（『日本学』第一三号、一九八九・五）といったものだが、これまで柳田の大嘗祭論はどちらかといえば、ほとんど注目されることもないままに打ち捨てられてきた仕事に属する。柳田の皇室への敬愛といったものが指摘され、あるいは天皇制にたいするタブーの存在が批判的に言及されることはあれ、まともに取りあげられることはきわめて稀れであった。

柳田の大嘗祭関係の論文は、現在確認されているかぎりでは、以下の通りである。

①　一九一五・一二「大嘗祭より大饗まで」（佐伯有清『柳田国男と古代史』所収）

②　一九一六・一　「大礼の後」（定本柳田国男集第三〇巻所収）

③同上「神社と宗教」(同)
④同上「所謂記念事業」(同)
⑤一九一六・五「御大礼参列感話」(佐伯・前掲書)
⑥?「大嘗祭ニ関スル所感」(定本第三一巻所収)
⑦一九二八・一一「大嘗祭と国民」(同)
⑧同上「御発輦」(定本別巻第二所収)
⑨同上「京都行幸の日」(同)
⑩同上「大嘗宮の御儀」(同)
⑪一九五三・一一「稲の産屋」(定本第一巻所収)

一九一五年の大嘗祭に、当時貴族院書記官長であつた柳田は大礼使事務官に任命され、奉仕する機会を得た。十一月九日の大嘗祭予行、十三日の鎮魂の儀、十四日夕刻から十五日払暁にかけての大嘗祭に奉仕し、身をもって体験したのである。柳田はその体験を、「神秘の夜」と題して書き残している。

大嘗祭の夜はいかにも静かであつた。……神殿の中の御燈《みあかし》の光おぼろに何ともしれぬ神秘の色につつまれて見え、殆んど一切の色と音とを絶した世界に、衛士《えじ》の焚く庭燎《にはび》の色が異様に赤く柴垣の外に反映してゐた。あまりの静かさに私達威儀の役に参つたものも、衛門の役儀《やくぎ》の人達も、身じろぎするたびに衣ずれの音、砂利を踏む音が気になるほど耳立つてならない。神殿の中の静寂を破るのが勿体ないやうに思はれるので、夜半すぎからは交代の番が来てもそのままに夜明まで立ち尽してしまつた。（前掲①）

あるいは、「御大礼参列感話」にはこんな一節がみえる。

幼児から神官たる実父の許に育てられた私は、特に三千年の長い歴史を経過し是だけ進んだ文明国でありながら、今日猶ほ神代の信仰の儼存する御大典に関係し、仮令瞥見なりともすることの出来たのに非常に感激し、唯感涙滂沱として落つるのみにて、他を顧みる余裕が無かつたのでありました。（前掲⑤）

柳田の大嘗祭体験について、多くの言葉を費やすつもりはない。柳田はこのとき、大礼服を身にまとい弓矢を捧げもち、南面の神門の内側にたって警固役をつとめた。

その体験が「神秘の夜」として書き留められたのである。柳田の感激には嘘や偽りはない。ここでは、柳田が門の外の幄舎《あくしゃ》に居並んでいたはずの千人の参列者と同様、大嘗祭という秘儀をただ「瞥見」できたにすぎないことを、とりあえず指摘しておけば足りる。

一九二八年十一月に、やはり京都で即位礼と大嘗祭が執りおこなわれたが、このときには柳田に出番は回ってこなかった。柳田は朝日新聞の論説委員として、大嘗祭にかかわる社説をいくつか書いている。そして、編集局長の緒方竹虎によって、社説原稿の一部削除と書き直しをもとめられるという、小さな事件が起こった。あきらかに柳田の立場は、皇室や大嘗祭を批判するといった性格のものではなかったが、その現在のあり方にたいする一定の留保と提言をふくむものではあり、タブーに触れると判断されたのである。

わたしの関心は、柳田がふたつの大嘗祭の周辺で書き残した十本の短い論考・覚書を手掛かりにして、柳田にとっての「大嘗祭の本義」を探ることである。主題はあらかじめ絞りこんでおく。天皇と民衆との関係、また大嘗祭と村々の祭祀との関係ということだ。近代の大嘗祭をささえるイデオロギーの系譜のひとつとして、柳田の大嘗祭論を掘り起こしてみたい。

第一に、大嘗祭の性格について。

柳田はいう、――〝大嘗祭はいふまでもなく神代のままに伝はつた我国第一の大祭事、天皇御一代に唯一度の重い御行事であつて、国家国民の精神の最も根深いところにその意味を持つてゐる〟(前掲①)と。とはいえ、柳田はけっして復古主義者ではない。大嘗祭はたんに数千年のあいだ生きて伝えられたというのみならず、つねに成長して世の移りゆきとともにあった、保存されてきたのではない、と柳田は説く。そうした場所から、柳田はいくつかの提言をおこなうのだが、わたしの関心からは逸脱する。

即位礼と大嘗祭の関わりについては、以下のように述べている。

> 私の尚古癖からいへば、即位の大礼はできるだけ開放的に、大規模に、外国の使臣は勿論、国民代表者は朝鮮台湾から海外の植民地からも自由に参列させて、国家の威厳を中外にかがやかし給ふやうにあつてほしいが、大嘗祭はあくまで純国家的の祭祀として、直ちにその根本の精神を繹ね、原始の形式を追つて、簡朴はあくまで簡朴に、神秘はあくまで神秘に執り行はれむことを望むでゐる。
>
> (前掲①)

即位礼ハ中古外国ノ文物ヲ輸入セラレタル後新ニ制定セラレタル言ハヽ国威顕揚ノ国際的儀式ナルニ反シテ御世始ノ大嘗祭ニ至テハ国民全体ノ信仰ニ深キ根柢ヲ有スルモノニシテ世中カ新シクナルト共ニ愈其ノ斎忌ヲ厳重ニスル必要ノアルモノナルカ故ニ華々シキ即位礼ノ儀式ヲ挙ケ民心ノ興奮未タ去ラサル期節ニ此ノ如ク幽玄ナル儀式ヲ執行スルコトハ不適当ナリト解セラレタル為ナルヘシト信ス

（前掲⑥）

柳田によれば、即位礼は中古に外国の文物を輸入してのちに制定された、〝国威顕揚ノ国際的儀式〟である。それにたいして、大嘗祭は〝純国家的の祭祀〟(前掲①)であって、国民全体の信仰に深く根をおろした〝幽玄ナル儀式〟である。それは原始の形式をたもち、簡朴にして神秘的なものである、と柳田はいう。ここでは、そうした柳田の即位礼/大嘗祭の解釈が、一条兼良の『御《み》代始鈔《よはじめしょう》』(一四七八年)以来の、〝御即位は漢朝の礼儀をまなぶなり、大嘗会は神代の風儀をうつす〟といった理解を踏襲していることを、見届けておけばよい。

第二に、大嘗祭と民衆との関わりについて。柳田は一九二八年の『朝日新聞』社説のなかで、以下のように述べている。

今回の御大典のもつとも悦ばしき特徴は、第一にはこれに参与する国民の数の、いづれの大御門の御時よりも、遥に立勝つて居るといふことである。固より交通と教育との力ではあるが、如何なる山の奥小島の陰に住む者でも、あるいは講話と文書により、あるいは新聞とラヂオの報道によつて、一人としてつとに即位礼大嘗祭の本旨を解して、これが天朝の国命を支配したまふべき根本の理法を、表現するものなることを知らぬ者は無いのである。……かくの如き民心の統一は、恐らくは前代その類を見ざるところであつて、単に古式に準拠し旧制を保存することをもつて、即ち廟堂文華の面目なるが如く解する人々の、改めて更に大いに学ばねばならぬ点である。（前掲⑧）

柳田がここで、即位礼と大嘗祭の本旨を、〝天朝の国命を支配したまふべき根本の理法〟を表現するものと、たいへん明確に言い切っていることが注目される。天皇による国家支配の正統性を保証し再認する儀礼装置として、即位礼と大嘗祭、つまり大礼が位置づけられているということだ。はからずも、ここには柳田の「民俗学者」にあらざる貌が覗けている。そこにあるのは治者による上方からの眼差しであって、常民の下方からの眼差しではない。しかし、逆にいえば、このとき柳田は即位礼と大嘗祭の核にあるものをもっとも直截に語っていた、ともいえるはずだ。

しかも、こうした大礼の本旨は、講話と文書・新聞とラジオの報道という、ほかならぬ国家主導の〝交通と教育との力〟によって、全国津々浦々の民衆のもとに伝達されたことを、柳田は語っているのだ。そこにあらわれた民心の統一は、前代には類をみない、いわば近代にはじめて見いだされる大嘗祭の風景であることが、同時に指摘されていることを記憶しておくことにしよう。

あるいは、同時期の別の社説のなかには、次のようなよく似た一節がある。

> 今一つの著るしい成長は式と国民生活の関係である。古い個人の記録類には、先ごろ京都では大嘗祭が行はれたさうなといふやうな記事が多い。交通不便の止むなき結果ではあるが、しば〳〵後に知りまたは知らずして過ぎる者も多かつたのである。今回はそれがどうであるか。如何なる山の隅にも離れ小島にも、兼てその期日と時刻とを聞知つて、遠くその夜の神々しい御祭の光景を、胸にゑがかざる者は一人もない。以前は単に京近くの大社のみに、奉告の御使を発せられて、

式の完成を祈請せられたのであるが、この度は全国数万の鎮守に、それ〴〵の祭祀が営まれ、先づ住民をして同心にこの日の御祭に奉仕せしめられた功績を謝したゝへられるのである。　（前掲⑦）

柳田は大嘗祭と民衆の関係について、近代の以前／以後を比較しながら、（おそらくは）はからずも非常に興味深いことを語っている。ひとつは、近代以前の民衆の多くが、大嘗祭に関する知識や情報をもたず、あるいは大嘗祭なる天皇の祭りとはまるで無縁な場所に生きてあった、ということだ。いまひとつは、やはり近代以前には、大嘗祭に際してなんらかの祭祀を営んだのは、京都周辺の大社のみであり、全国数万の鎮守の参加はみられなかったということである。裏返せば、大嘗祭は歴史的には、宮廷と大社（寺）によって営まれる国家祭祀であり、民衆と村々の鎮守の参加など必要とはせぬ、それとは本質的に次元を異にする祭りであったことを、柳田は語っていたことになる。

もちろん、ここで、一八七一年に公布された大嘗会告諭の終節（3）を想起しなければならない。

然則此大嘗会ニ於テヤ、天下万民謹ンデ、其御趣旨ヲ奉戴シ、当日人民悉ク廃務休業、各地方其産土神ヲ参拝シ、……

なぜ、告諭は大嘗祭の神話的な起源および意義とを説き、また、民衆がその趣旨をいただいてそれぞれの村の産土神を祀るべきことを、わざわざ喧伝しなければならなかったのか。柳田の大嘗祭をめぐる言説は、大嘗会告諭のまさに延長上に位置を占めるものだ。そして、それゆえにこそ、大嘗祭と民衆の関わりを論じた、柳田の先の社説の一節などは、告諭の背後にあるものを裏側から炙りだすようにさししめしているのだ。あるいは、そうした読みへの可能性を開いているのだ、といってもよい。いわば、近代以前の民衆が大嘗祭とおよそ無縁な場所に生きてあったがゆえに、告諭はその意義を説き、産土神を祀るようにと教化とプロパガンダに努めなければならなかったのであって、それ以外ではない。

こうして大嘗祭が近代以前には民衆と関わりの薄いものであったとすると、すでに触れた、大嘗祭は〝国家国民の精神の最も根深いところにその意味を持つてゐる〟といった柳田の言葉は、根拠を失うことになりはしないか。むしろ、大嘗会告諭にひとつの原型が見いだされる、近代の大嘗祭をささえてきた思想《イデオロギー》の根拠が危うくなると、より端的にいってみてもよい。「民俗学者」柳田国男がひとりのイデオローグとしてたち現われ、にわかに天皇の祭祀と熱く交叉しはじめるのは、実にこの地点からである。

それゆえ、第三に、大嘗祭と村々の祭りとの関係について。

柳田が一九四一年の論考「民俗学の話」(定本第二四巻所収)のなかで、〝宮中のお祭は村のお祭とよく似てゐます〟と述べていることは、しばしば注目されてきた。この天皇の祭祀と村落の祭祀との共通性にむける、「民俗学者」柳田国男の眼差しこそが、大嘗祭と無縁に生きてあった村々の常民大衆と、天皇制＝国家の祭祀とを仲立ちする思考の回路となった。常民への／常民からの眼差し＝方法が、時代と刺し違えるほどに深い徹底性をもたぬときには、たやすく天皇制＝国家を草の根からささえるイデオロギーに堕してしまうのだということを、肝に銘じておくのもよい。

さて、柳田の大嘗祭をめぐる言説のなかから、わたしの関心にひっかかってくる箇所をいくつか引くことにする。

（１）我々が居村に於ける秋の祭は、其趣旨に於ても形に於ても、この新穀の御祭と著しい類似をもつて居り、唯大小のえらい差等があるばかりであつた。

（2）しかも我々が更に心を動かす一事は、これほどよく成長して常に時と適応せんとする儀式の奥底に、なほ万古を貫通した不変の約束が、幾筋ともなく認められることである。その中の最も重要なる一つは、至尊陛下が御自親ら執行はせたまふほどの国の大祭に、村で繰返して来た秋ごとの祭礼と、大小の程度には固より格別の相違があるが、全く方式を同じうする点の存することである。（前掲②）

（3）世界最古の国の公の御祭、起源もつとも遥なる大嘗の御式の中に、尚時代の常民生活と比べて、多くの著るしき一致を見出すといふことは第一の神秘である。豊かなる秋の収穫を終つて後、直に新穀を取つて酒を醸し飯を炊ぎ神に感謝の祭を申すことは、今も村々の常の行事であつて、殊に直会の古例を存する土地においては、畏多いことではあるが、規模の絶大と微小との一点の差を除いては、至尊御親ら執行はせたまふところと、略〻その様式を一にして居るのである。それ故に農民はもつとも容易に、大新嘗の本旨を会得しかつ感激する。（前掲⑩）

引用(1)は一九一五年、引用(2)(3)は一九二八年、それぞれの大嘗祭に際して書かれた言葉であるが、軌を一にして、天皇みずからがおこなう大嘗祭と村々の秋ごとの収穫祭とが、規模の大小は別にして様式をひとしくすることを語っている。そして、この大嘗祭／村の秋祭りの共通性ゆえに、常民はたやすく大嘗祭の本旨を会得し感激するのだと、柳田はいう。大嘗祭が国民の精神のもっとも根深いところに意義を有するとは、まさにこの場所においてであることは、あらためて強調するまでもあるまい。

大嘗祭の本旨は、〝天朝の国命を支配したまふべき根本の理法〟を表わすところにあると、柳田が語っていることには、すでに触れた。この、天皇による国家支配の正統性を再認する儀礼としての大嘗祭は、古代七世紀の末に、ニヒナメと服属儀礼と、どちらが儀礼を接ぎ木する形で成立したものと想像される。ニヒナメと服属儀礼と、どちらが儀礼の核になったかの議論は措くとしても、大嘗祭が祭祀の範型ないし源泉の(すくなくとも)ひとつとしてニヒナメをもつかぎり、大嘗祭と村々の秋祭りとがある位相で様式をひとしくすることは、思えばあまりに当たり前のことだ。

だから、大嘗祭と村々の祭りとの共通性をあえて言挙げするのであれば、大嘗祭が村々のニヒナメ祭祀のいわば模倣＝拡張の所産であることを、論の前提にしなければならないはずなのだ。村々の祭りの時間の深さによって、大嘗祭という天皇の祭祀をあらかじめ相対化しておくことが必要である、といいかえてもよい。実は、柳田自身にそうした視座がみられないわけではない。しかし、柳田のこの時期の大嘗祭をめぐる論考群の基調をなしているのは、あきらかに天皇の祭祀と村々の祭りの共通性と、それゆえの大嘗祭への民衆の参加の必然性とを、いわば対にして提示しようとする志向だ。それが、大嘗祭と無縁であった常民大衆とかれらの祭りや産土神信仰を、大嘗祭を頂点とする天皇制＝国家の祭祀体系の末端部に位置づけ、再編成しようとはかった大嘗会告諭の志向と、表裏をなして重なりあうものであることは否定しがたい。

3　稲の産屋

柳田国男が大嘗祭に言及した論考は、たいへん数が少ない。断片的なものであれば、先にあげた以外にもいくつかみられはするが、ここで取りあげるに値するのはやはり、敗戦をへて天皇制タブーがわずかであれ解けた一九五三年に、公にされた「稲の産屋」(定本第一巻所収)であろうか。「稲の産屋」という論考は、柳田の大嘗祭論の総括ともいえるもので、興味深い内容をいくつもふくんでいる。

わたしが関心をそそられるのは、柳田がそこで、大正・昭和の大嘗祭の周辺で書かれた論考群からの、かなりに根底的といえそうな離脱ないし転換を試みているということだ。ほかならぬ大嘗祭と村々の収穫祭との関わりをめぐって、戦前の、祭りの様式における共通性や連続性をもっぱら強調していた段階から、むしろ、非連続やズレの側面の掘り起こしに向かう段階へと、柳田の思考の重心ははっきり移ろうとしている。わたしもまた、柳田とともに、大嘗祭／村々の祭りのはざまに覗けた断層《ズレ》、それゆえ非連続の貌に眼を凝らすことにしよう。

二つの主題に絞りこむことにする。

第一に、悠紀主基の斎田をめぐって。「稲の産屋」に、以下のような一節がある。

> それよりも更に大切な問題は、この日の祭の式典は、果して同じ名を以つて呼び得るほどに、民も大御門も似通うて居たらうかといふ点である。令制以後に於ける公けの新嘗には、少なくとも常人の模すべからざる特色が幾つか有つた。最も見落し難い大きな差別は、皇室が親しく稲作をなされざりしことである。供御の料田は十分に備はつて居ても、それを播き刈る者は御内人では無かつた。殊に大新嘗には国中の公田を悠紀主基に卜定して、其所産を以て祭儀の中心たるべき御

飯の料に充てられることになつて居た。……是等は到底尋常地方に割拠する大小の農場主たちの、企て及ぶ所では無かつた。此点が先づはつきりとちがつて居る。

（前掲⑪、以下同じ）

引用の前半では、宮廷の新嘗祭／村々の収穫祭のあいだの差異がいわれている。皇室はみずからは稲作に携わらなかったことを、柳田は指摘する。一九四一年の「民俗学の話」からは、つまり、宮中の祭祀が村の祭りとよく似ていることを強調するといった場所からは、柳田はあきらかに大きく離脱しようとしている。大嘗祭に関しては、悠紀主基の卜定が村々の収穫祭とはかけ離れたものであることが、ここでは指摘されている。次に引く箇所を読むと、この悠紀主基の問題が柳田にとってかなりの重要性をおびていたことが知られるはずだ。

畏れ多い推定ながら、天の長田といふやうな大切な稲栽培地が皇室にも属して居て、年々の斎田を卜定なされる必要は無い時代が遠い昔にはあり、所謂大新嘗は後代の各地の相嘗と、もう少し近いものだつたのではあるまいか。二つの祭の殿を並べ構へることは、朝廷の大新嘗の著しい特徴であるが悠紀が斎忌を意味し、主基が第二のものゝ名だつたとすると、最も亦天地陰陽二極の思想に基づいて、制度として新たに設けられたものでは無かつたらうか。それが軽々に断定すべきものでないとすれば、結局この一点のみが、問題として永く残ることになるであらう。

ここにみえている〝天地陰陽二極の思想〟を、古代中国の陰陽思想と解することは可能だろうか（佐伯有清『柳田国男と古代史』を参照のこと）。仮りにそうであるとしたら、柳田は〝神代のままに伝はつた我国第一の大祭事〟、また〝純国家的の祭祀〟といった、みずからの戦前の言説を根底からひっくり返して、大嘗祭のなかに外来の宗教・思想が入りこんでいることを、示唆していることになる。

柳田の思考の道筋はたいへん明白な、辿りやすいものだ。悠紀主基の斎田卜定、あるいは悠紀殿・主基殿の造営は、天皇の祭祀としての大嘗祭にのみみられるもので、村々の祭りの風景のなかには、それと対応しうるものは何ひとつ見いだされない。民衆レヴェルで、斎田の卜定や殿舎の造営が可能であったともおもわれない。だから、それは村々のニヒナメ祭祀のうえに、あらたに制度として設けられた附加部分であるとみなければならない。悠紀主基という名称については、確定的な解釈はないが、陰陽思想の影響が認められる……といった具合に、柳田の思考の軌跡《あと》を辿りなおすことはできるだろうか。

「稲の産屋」の柳田が、大嘗祭の起源を〝神代のままに〟などとする見方を捨てて、どうやら七世紀半ばの大化の改新以後に見定めていたらしい様子も窺われる。たとえば、こんな一節がある、――〝御代始めの大新嘗の朝儀が確立してからでも、二百余年の間には沿革は無かつたとは言はれず、又其痕跡かと思はれるものが、延喜式の中にはまだ存して居て、それも後には次第に消え去つて居る〟と。『延喜式』の成立は十世紀のはじめであるから、それから遡ること二百年あまりといえば、七世紀の末頃ということになる。柳田はこのとき、もはや大嘗祭の起源を神代にもとめ、〝大嘗会は神代の風儀をうつす〟とみるような中世以来の、いわば神道イデオロギー的な立場とは無縁な場所にいる、それだけは確かにいえるはずだ。

そして、第二に、大嘗祭に祀る神をめぐって。柳田はこんなふうに述べている。

> 更に重要な差別は、この日に迎へ拝せられる神々についての考へ方であつたらう。是までの普通の解説では、至尊が其年の新穀をきこしめすに際して、御親ら国内の主要なる神祇を御祭りなされる式典として、疑ふ者も無かつたやうだが、もし

それならば是は朝廷の御事業であつて、個々の稲耕作者たちの問題で無く、嘗の祭の一般共通性などは、考へて見る余地も無いわけである。神祇といふ言葉は、今は至つて心軽く、範囲を明らかにせずに用ゐられて居るが、本来は天神地祇、或は天社国社と謂つたのも同じで、つまりは斯邦の有りと有る家々に、斎き祀り申す神々の総称といふべきものだつた。如何に信心の複雑化した時代でも、個々の一家の力では、為し遂げ得ることでは無く、又其必要も無く、権能も有り得なかつた。即ち此点では明かに、皇室の新嘗が普通とは異なつて居たので、我々は先づいつの世から、何によつて斯うなつたかを考へて見なければならぬ。

この一節では、皇室の新嘗祭／村々の収穫祭の差異に光が当てられている。新嘗祭において、天皇はあらゆる天神地祇を祀るものと説かれてきたが、もしそうであれば、稲をつくる個々の常民レヴェルの収穫儀礼とは、およそ共通性がみられないことになるだろう。あるいは、大嘗祭については、以下のように述べている。

たとへばこの大嘗の日の神殿の奥に、迎へたまふ大神はたゞ一座、それも御褥御枕を備へ、御沓杖等を用意して、祭儀の中心を為すものは神と君と、同時の御食

> 事をなされる、寧ろ単純素朴に過ぎたとも思はれる行事であつたといふに至つては、是を一社にしてなほ数座を分ち、それ〴〵に幣帛を奉進したといふやうな、いはゆる天地神祇の敬祭と同日に語るべきものではない。名ある近世の学者が口を揃へて、この際に全国の有る限りの神々の御祭なされるかの如く説いて居たのは、主として神祇官系統の文献に依り、別に文字以外に伝はるものを、顧慮しなかつた学風からであらうが、一方は又制度の統一、言ひ換へれば或一国の完備した制度文物に、同化しなければならぬといふ政治思想の流弊でもあつたかと思ふ。

大嘗祭に際して、天皇が神殿の奥に迎えるのはただ一座の大神であり、祭祀の中心をなすのは単純にして素朴な神人共食の儀礼である。これは、一社で数座の神々を祀ることをつねとする村々の天神地祇の祭りと、同列に論じるわけにはゆかない、と柳田はいうわけだ。そして、近世の学者の多くが、大嘗祭には国内のありとある神々を祀るものと解してきたことを、政治思想(＝イデオロギー)の流弊であるとして、強く批判している。大嘗祭と新嘗祭に祀られる神の問題は、当然ながら、一筋縄ではゆかぬ祭祀の核ともいうべきテーマではあるが、柳田がここで、ひたすら天皇の祭祀／村々の祭りのあいだの断層と非連続に眼を凝らしていることは、たいへん印象的である。

4　草の根天皇制

大正・昭和の大嘗祭の周辺で書かれた小さな論考群のなかで、柳田がくりかえし表明したモチーフのひとつは、大嘗祭という天皇の祭祀と村々の秋の収穫祭とが共通の様式をそなえている、ということであった。それは柳田自身が意識すると否とにかかわらず、たとえば一八七一年の大嘗会告諭にみられたような、天皇制をめぐる近代の思想《イデオロギー》を、草の根からささえる根拠の一端をになったはずだ。柳田の言説が、「上」から降ろされてきた告諭に「下」から裏付けをあたえ、補完する役割をはたしたのではないか、といってもよい。戦後の柳田に、そんな自覚や反省があったとはおもわないが、柳田がいわば知の実践をつうじて、みずからの限界を突破しようとしていたことだけは確実だ。

柳田国男の「稲の産屋」は、一九五三年にはじめて公にされ、のちに『海上の道』に収録された。この、戦前に大嘗祭をめぐって書かれた論考群からの、根底的な離脱と非連続をあきらかにふくむ論考は、敗戦から八年間が過ぎ、天皇制にまつわるタブーが解けることでようやく書かれえたものか、あるいは、柳田の知の道行きがおのずからに熟成し書かせえたものであったか。いずれであれ、常民への／常民からの眼差し＝方法がある徹底性と深さを獲得できたときには、いかなる思想の風景を拓いてみせるものかを、幽かな可能性のうちにではあれしめした論考として、「稲の産屋」を記憶にとどめることにしよう。

最後に、「草の根天皇制」とか「土俗天皇制」とかよばれてきた、一群の天皇制論について触れておきたい。天皇制を「下」からささえるものとして、常民のなかの天皇(制)的なるものを掘り起こし、天皇制を民衆レヴェルの心情・信仰・文化の問題として語ろうとする志向を、ここでは草の根天皇制とひと括りによぶことにする。むろん乱暴は承知のうえだ。

草の根天皇制論が、たとえば、左翼や近代主義者の、天皇制など近代の政治的作為の所産にすぎないといった議論にたいする、一定の批判として有効であったことは否定できない。また、思想の課題として、天皇を宗教的な帰依の対象に択びつつ、近代の天皇制を「下」からささえてきた民衆の存在やありようをひき受けるためには、ある通過地点として草の根天皇制の掘り起こしが不可欠であったことも、否定はできない。しかし、そうした常民への／常民からの眼差し＝方法が不徹底になされるときには、往々にして、たんなる天皇制＝国家の「下」からの補完作業に終わってしまうものだ。このことも視野の内側に繰りこまれたほうがよい。

草の根天皇制論はたぶん、ある徹底化への強靭な意志によってささえられなければならない。それは、徹底化への意志とともにあるときはじめて、いまだ獲得されることのなかった天皇と民衆のいる知られざる風景を、わたしたちの眼前に開示してくれる知の回路となるのだろう。戦前の柳田の大嘗祭をめぐる論考群のなかには、不徹底な草の根天皇制論の限界があらわに覗けていた。そして、一九五三年の柳田の論考「稲の産屋」が、草の根天皇制論の限界をこえて、わずかに押し開かれた可能性の扉であったことを、ここで、とりあえず確認しておくことにしようか。

第二章　天　皇　霊

1　大嘗祭の本義

天皇霊とはなにか。それはいうまでもなく、折口信夫が固有の直観力にもとづき織りあげてみせた、古代の天皇制をめぐる風景のひと齣であり、いわゆる折口名彙のひとつである。しかし、天皇霊という概念装置はたんなる折口名彙の域をこえて、広く受容され、さまざまなレヴェルで流通させられてきた。その、豊かな詩的イマジネーションに裏付けられた概念装置は、大嘗祭という、天皇の即位儀礼における聖性賦与のメカニズムを解きあかす、現在ではほとんど唯一の理論仮説であるともいえるかもしれない。

たとえば、林房雄の『天皇の起原』には、以下のような一節がある。

大嘗・新嘗の祭は、中世以後、呪術的な性質は捨てられたが、古義は必ずしも失われず、天皇は即位の大嘗祭によって、「天皇霊」を身につけ、天照大神と一体化し、「最も神に近い人間」「神聖の人」「無私の聖王」として誕生する。

右の一点を見落とした「天皇論」は、いかに科学的理論の仮面をつけても、理論の名に値いしない。

こうした天皇霊仮説を核とした大嘗祭の解釈は、むろん林房雄にかぎったものではない。例をあげることはしないが、天皇制を擁護するか批判するかに関わりなく、かなり一般的に見いだされるものだ。たしかに折口の天皇霊論は、稀有なまでの妖しい魅力に浸された仮説だが、折口以後、その学派の内／外で、きちんとした検証作業をへぬままに独り歩きしてきたということもまた、否定しがたい事実である。

林房雄が大嘗祭の秘儀性の核心とみなした天皇霊仮説は、はたして林の信じたほどに絶対的な強度をおびたものであったのか。あるいは、天皇霊を媒介項として、天孫降臨神話と大嘗祭をつなげる折口の理解は、どの程度に深い射程をいまなお有しているといえるのか。わたしはここでは、折口自身の文脈に沿って、また、古代の神話テクストの側から、そうした課題を検証する作業にささやかながら手を染めてみたい。

折口の天皇制をめぐる議論がもっとも凝縮された形で表わされているのが、『古代研究・民俗学篇2』におさめられた「大嘗祭の本義」という論考であることに、おそらく異論はあるまい。この論考はふつう、全集第三巻の注記にしたがって、一九二八年九月におこなわれた講演の筆記原稿であるとされてきた。この年の十一月に、昭和天皇の即位大嘗祭が挙行されたことはいうまでもない。ところが、加藤守雄の考証によれば、信州で「大嘗祭の本義」という講演のおこなわれたのは、同年六月のことであり、その際の講演筆記らしい短い論文が二編、『國學院雑誌』の八月号と十一月号にそれぞれ掲載されている。この年には、ほかにも大嘗祭に関係のある論文が一編と、やはり「大嘗祭の本義」と題された草稿が一本執筆されている。『古代研究』所収の「大嘗祭の本義」は、たんなる講演筆記といったものではなく、それら一連の講演や論文をもとにして、大幅な加筆・補訂のうえで書き下ろされた論考であった、という(角川文庫『古代研究Ⅲ・民俗学篇3』の解説による)。

折口のこの時期における関心が、主として天皇制および大嘗祭にさし向けられていたことは疑いないが、天皇霊を核とする大嘗祭論が形造られるまでには、多くの試行錯誤がかさねられたものらしい。実際、『古代研究』所収の「大嘗祭の本義」と草稿の「大嘗祭の本義」(『マージナル』2号所収による。以下これを「草稿・大嘗祭の本義」とよぶ)とのあいだには、すくなからぬ微妙なズレや異質な要素・方位といったものが見いだされる。ここではふたつの「大嘗祭の本義」をテクストとして、その揺れ動くはざまに、折口の大嘗祭論の原像を定着させることにしたい。

2　大嘗／新嘗

たとえば、山折哲雄は「草稿・大嘗祭の本義」には、『古代研究』版がわずかしか触れていない問題を細かく論じている部分があることを指摘し、その一例である「天の羽衣」について注目している(「後七日御修法と大嘗祭」『国立歴史民俗博物館研究報告』第七集所収)。そうした例をひとつひとつ取りあげ、詳細に検討する作業はむろん必要だが、ここではわたし自身の当面の関心に沿って、いくつかの主題に絞りこむことにしたい。

第一に、大嘗祭と新嘗祭の歴史的な先後関係について。

通例、秋の収穫祭としての新嘗が先にあって、毎年おこなわれるのが原則であったが、即位後はじめての新嘗の儀がのちに、ただの新嘗と区別して大嘗と称されるようになったと説かれる。つまり、農耕祭儀である新嘗のなかから、それを基盤として即位儀礼である大嘗祭が創りだされた、とするのが通説的な理解である。これにたいして、折口は異議を唱えた。『古代研究』版のなかで、折口は以下のように述べている。

此大嘗と新嘗とは、どちらが先かは問題であるが、大嘗は、新嘗の大きなものといふ意味ではなくて、或は大は、壮大なる・神秘なるの意味を表す敬語かも知れぬ。此方が或は、本義かも知れぬ。普通には、大嘗は天皇御一代に一度、と考へられて居るが、古代ではすべて、大嘗であつて、新嘗・大嘗の区別は、無かつたのである。何故かと言ふと、毎年宮中で行はれる事は、尠くとも御代初めに、行はれる事の繰り返しに過ぎない、といふ古代の信仰から考へられるのである。御代初めに一度やられた事を、毎年繰り返さぬと、気が済まぬのであつた、と見るべきである。其が新嘗である。新嘗のみではなく、宮中の行事には、御代初めに、一度行へば済む事を、毎年繰り返す例がある。だから、名称こそ新嘗・大嘗といへ、其源は同一なものである。

折口はここで、古代には大嘗／新嘗のあいだには区別がなく、その根源が同一のものであったことを語っている。ただ名称だけに差異があった、ということだ。

先後関係についてはどうか。「草稿・大嘗祭の本義」の冒頭近くには、こんな一節がみえる。すなわち、〝御一代一度の大嘗――新嘗と言ふてもよい――だけが、最初まづあつた。其が古代日本人の年々元《ハジメ》に還るとする暦法信仰から、初春――元旦と一致した――に先立つて行ふ様になつたのである〟と。『古代研究』版にはない暦法との関わりがいわれている。折口のこの指摘は、たいへん重要なものにおもえる。折口はあきらかに、年ごとの収穫儀礼＝新嘗祭を範型として大嘗祭がつくられた、とする通説的理解を否定し、御代はじめの大嘗祭が先にあり、〝年毎に御代始めに還るものとする、一年限りの暦法信仰〟(同上)にもとづいて、宮廷の年中行事としての新嘗が始まった、と説いているのだ。

こうした折口の理解は、たとえば村々のニヒナメから宮中の新嘗祭・大嘗祭にいたる過程を探ろうとした柳田国男や、大嘗祭を〝村落の穫り入れ祭を上から組織し洗練したところの祭式〟(「大嘗祭の構造」『古事記研究』所収)とみる西郷信綱らの理解の方位と、真っ向から対立する。折口の大嘗祭論のこの側面に注目した研究なり議論なりを、わたしは寡聞にして知らないが、おそらくこれを起点として、柳田流のニヒナメ起源説とは異質な大嘗祭をめぐる風景が豊かに開かれてゆくはずだ。

それにしても、先後関係の問題は別にして、大嘗／新嘗はいったいどこが異なるのか。大嘗祭に関しては、〝天皇の践祚に際し一世一代の重儀として斎行される、いはば国家民族再生の祭儀として、太古以来のわが国家の本質を示現する天皇親祭の大祀〟(皇学館大学神道研究所編『大嘗祭の研究』「緒言」)といった規定がしばしばなされるが、大嘗/新嘗のあいだには祭儀としての本質に差異が見いだされず、実際には、大嘗祭は即位後にはじめておこなわれる新嘗祭という位相しかおびていない。天皇の即位における最重要の秘儀として位置づけられるにもかかわらず、その、聖性賦与のメカニズムはほとんど解きあかされていないのである。折口の大嘗祭論は、それを天皇霊という装置をつうじて解読(=創出)しようとした試み、とみることが可能だ。

それゆえ、第二に、大嘗祭と天皇霊について。「大嘗祭の本義」はいうまでもなく、折口がはじめて本格的に天皇霊について語った論考であるが、その第一次稿とかんがえられる「草稿・大嘗祭の本義」には、天皇霊の語は一カ所しかみられない。以下に引く一節である。

強いて言へば、大嘗祭りの宵の悠紀殿の儀は、元の日のみ子の「まつりごと」の覆奏で、其間新しく現出《アレ》ますべき方に、衾の中に籠ってゐられる。其式が済んで、鎮魂式の後、天皇霊その他の威霊を得て、元の方の復活せられた形で、物忌みから離れて斎湯《ユカハ》に入って、神の資格を得る。さうして、其場で、乳母《チオモ》の乳、飯嚼《イヒガミ》の飯によって、外来の進められる威霊―食国の魂―を躬《フレ》に固着しめる。

この草稿段階では、天皇霊の占める位置はまだたいへん限定された、ささやかなものといってよい。着想が練られ、熟成されてゆくなかに、天皇霊なる解釈装置はしだいに大きな意味と広がりをもって、大嘗祭論の前景にせり出してきたものだろう。

注意すべき点がふたつほどある。ひとつは、〝天皇霊その他の威霊〟という表現にあきらかなように、天皇霊が特権的な座をあたえられていないということだ。したがって、大嘗祭を天皇霊の継承儀礼として再構成しようとする志向も、いまだ稀薄である。それにもかかわらず、衾に籠もる鎮魂の儀礼によってもたらされる天皇霊(その他の威霊)と、新穀を嘗めることで身体につく外来の威霊(＝食国の魂)とが区別されているらしいことに、関心を惹かれる。これがふたつ目の留意点である。

天皇霊論に関しては、もうすこし広い視野からあらためて検討する。ここでは、天皇霊を核とする折口に固有の大嘗祭論が鮮明に姿をあらわす前段階の、折口の思念の揺れを見届けておけばよい。

3　鎮魂と復活

さらに第三に、廻立殿《かいりゅうでん》における斎湯《ユカハ》の神事について。折口が『古代研究』版の「大嘗祭の本義」のなかで、この主題をめぐって比較的詳しく論じていることはよく知られるところだが、「草稿・大嘗祭の本義」にはより直截に細部に踏みこんだ箇所がみられる。

『古代研究』版には、湯の話にはいる前置きとして、悠紀・主基両殿への出御に際して籠もる廻立殿について、こんな一節がみえる。すなわち、〝此所が、茶の湯所となつて居るが、なにか、忌斎の場所らしい。天子様は、大嘗祭の卯の日の儀式にも、始終、この廻立殿へ出御なされる。そして、御湯をお使ひなされる〟と。このあとに、二節にわたって天の羽衣・産湯につかえる巫女・罪と物忌みの習俗などについての記述が続く。

湯の話のおわり近くには、朝廷の行事においても、物忌みのあとに、湯殿のなかで天の羽衣をとりはずし、そこで神格を得て自由になり性欲も解放されて、女に触れても穢れではないようになるのだ、とある。このすぐあとには、天の羽衣を解いて〝第一に媾はれるのが、此紐をといた女である。さうして、其人が后になるのである〟という、廻立殿の秘儀の核心に触れる一節が、さりげなく配される。

おそらく、折口はここで、水辺における聖婚儀礼(の痕跡)を暗示的に語っているのだが、その叙述はひどく曖昧であり、周到に間接的な表現が択ばれている。当然ながら、皇室の秘儀にまつわる厳しいタブーを侵すことを畏れて、そうした曖昧な表現が択ばれたものだろう。

これにたいし、「草稿・大嘗祭の本義」は草稿のゆえにか、この斎湯の神事についてかなりストレートな指摘が見いだされる。

大嘗宮の両殿は、襲衾に籠る新旧二つの大御身の為の場処であった。さうして、日のみ子復活誕生の形式で、籠って居た裳―喪の原義―を跳ねのけて、斎湯に入られる。此時まで、物忌みの間つけて居た天の羽衣を斎湯の中で、水の神の女をして解かしめて、はじめて、成年となられる。此を後には、湯を奉る時に、其氏の長、天神寿詞を唱へる間に、天羽衣を故らに着けて入り給ふ事になった。此は湯帷子の類ではなく、もっと「小き物」なる、神秘の魂結びをした物忌みの紐のついた物である。「は」と言ふから見れば、物を翳《サ》し隠す衣裳の一種であった。

同時に其は、斎湯に関係深い鵠・鶴の腰毛にかたどったひき廻しの短い裳であったと思はれる。此を着けるのは、物忌み中の神人のしるしであり、此を脱ぐと神となる。廻立殿の儀に残って居る。　（傍点草稿）

天の羽衣という、〝神秘の魂結びをした物忌みの紐のついた物〟を解き、水の神の女（巫女・后）と聖なる婚姻をはたす儀礼、それが廻立殿の秘儀と称されるものの、いわばヴェールを剝がされた姿であったことになる。すくなくとも折口はそうかんがえていたらしい。しかも、「草稿・大嘗祭の本義」には、次のような注目すべき一文が埋もれがちに挿入されているのだ。ほんの短い一文である。

今年の大嘗祭にも、必行はせられる后の宮の御役は、廻立殿渡御と、更に、幄殿に御移座の後、大嘗宮を拝せられる御儀とである。

折口はいかなる情報源をつうじてか（――前掲の加藤守雄の「解説」を参照のこと）、一九二八年の大嘗祭にも、皇后の廻立殿渡御の儀がおこなわれることを知っており、そこに熱い視線を凝らしていたわけだ。折口が大嘗祭の祭儀としての核心の、すくなくとも一端をどこに見定めていたかが、暗示的に窺われる気がする。

さらに第四に、大嘗祭と即位式との関係について。

『古代研究』版には、大嘗祭と即位式の同一性にたいする言及が数カ所にみえる。たとえば、折口はこう述べている、〝古くは、大嘗祭の後に、天子様の即位式があつた。昔は、即位式といつて、別にあつた訣ではない。真床襲衾からお出になられて、祝詞を唱へられると、即、春となるのである。元来、大嘗祭と、即位式と、朝賀の式とは、一続きである〟と。ここでは主題として後景に沈められた感があるが、先行する「草稿・大嘗祭の本義」には随所に、折口のこだわりがもっとあらわな形で現けており、関心をそそられる。草稿の末尾に近い一節を引く。

大嘗祭りを分解して見ると、最古の形式は、復活祭である。其後が即位式である。其上に、初穂祭りの新室ほきが重って、複雑になって行った。……

此様に複雑になった大嘗祭りは、古代既に、年末祭の基礎の上に、初穂祭りの意義を交へてゐた。だから、記紀を見ても、此理会以外に出てゐない。

折口はここでも、大嘗祭の起源を初穂祭り＝新嘗にもとめる理解にたいして、異議を唱えている。折口によれば、大嘗祭の祭儀としての本質は、日の御子の復活と誕生をめぐる鎮魂儀礼(＝復活祭)にあった。それが、米の威霊をとりこむ鎮魂式／米を供饌とする新嘗、また、鎮魂式の前提である殿ほき／新嘗にともなう新室ほきとが相関わりあい、循環して、ついに宮廷の初穂祭りが年の暮れの鎮魂式を圧倒した形になった。わたしたちの知る大嘗祭が、初穂祭り＝新嘗を範型として創られたかのようにみえるのは、そうした錯綜した背景が横たわっているためだ、ということになるだろうか。

それでは、もっとも古い祭儀の層である復活祭と、そのうえに重ねられた(とされる)即位式との関係を、折口はどのように捉えていただろうか。

大嘗殿に来ぬ前の斎湯で、青山に招ぎ寄せられた姿で、衾の中で鎮魂式を受けて、直に斎湯《ユカハ》に、古くは、現れて、近くの河水に入って、湯坐・乳母其他の育みを受けて初めて生れた形の式をする。其後直に、安殿《ヤスミ》―正殿―の高御座に上って、天神から授けられた宣処詞《ノリトゴト》を唱へられる。此が即位式の詔旨であり、同じ価値に考へられた元旦朝賀式の詔旨である。此の宣□(一字欠)をのりかけられて、氏々の長が応へ奏すのが、寿詞《ヨゴト》である。

(同上)

オフスマ(襲衾)に籠もっての鎮魂式と斎湯の神事をへて、あらたに日の御子として復活・再生した天皇は、正殿の高御座にのぼって、ノリト(宣詞・祝詞)を唱える。それとともに、天地・人間・殿舎をはじめ万物がみな天孫降臨のはじめにかえり、一年もあらたまったと信じられた。そして、このノリトに圧せられて、氏々の霊魂を管掌するオサ(首長)が、皇霊につかえはじめた氏の旧事や、職能の由来を語るヨゴト(寿詞)を奏する。折口が即位式とよぶものは、こうしたノリト／ヨゴトの応酬の儀礼をさしているとおもわれる。

あるいは、折口はまた、以下のように述べている。

> 日は別になったが、大嘗宮に於ける御行儀のうかゞひ知られる限りの事は、大抵鎮魂の目的を見せてゐる。中臣寿詞は、聖躬に入る飯・酒の中に加った霊水の本縁を説いて、権力ある外来魂の固着する様にと、斎ひこめるのである。悠紀・主基の風俗歌は寿詞のくだけたものである。稲実公《イナミノキミ》・酒造児《サカツコ》が代表する米・酒の威霊の至尊の御身に着《フ》れる方式である。七个国の語部の物語も其である。国栖・隼人の演奏も、皆其々の蕃族の守護霊を捧呈して、臣従を誓ふと共に、聖寿を賀す

る事になるのである。だから、大嘗宮の御儀は、分岐以前の古い即位式の姿だと思へるのである。（同上）

折口の発生論的な眼差しは、大嘗宮の儀を透かして、〝分岐以前の古い即位式の姿〟を浮かびあがらせようとする。むしろ、大嘗祭の核心を鎮魂・復活の祭儀に見定め、中臣寿詞《なかとみのよごと》・風俗歌・物語や舞などのさまざまな儀式を、霊魂の授受儀礼として再構成し、そこに大嘗祭と即位式の未分化なアーキタイプを発見しようとしているのだ、といってもよい。『古代研究』版にみえる、大嘗祭と即位式とが同一であることの指摘は、そうした大嘗祭解釈の所産であったはずだ。

ここであらためて、折口の大嘗祭の構造をめぐる認識の基本的な構図を確認しておくことにする。折口によれば、大嘗祭の基層をなすのは、日の御子の復活と誕生のための鎮魂儀礼である（――天皇霊の継承儀礼という理解は、草稿の段階にはいまだ鮮明ではない）。そのうえに、高御座におけるノリト／ヨゴトの授受をつうじた服属儀礼としての即位式と、初穂祭りに発する新嘗祭がかさなることで、知られるような重層化した大嘗祭が創りあげられた。こうして折口の大嘗祭論の骨格を洗いだしてみると、それが柳田流のニヒナメを範型とした大嘗祭の理解から、どれほどかけ離れたものであるかが、鮮やかなまでに実感される気がする。

4　天孫降臨

『古代研究』所収の「大嘗祭の本義」によってしめされた、折口信夫に固有の大嘗祭の解釈は、疑いもなく魅力的なものである。しかし、賛否いずれの立場からのものであれ、それは本格的な批判と検証作業を加えられぬままに、発表以来六十年あまりを過ぎた現在もなお、依然として一個の仮説にとどまりつづけている。それにもかかわらず、折口の大嘗祭論はある種の呪縛力をもって、天皇制をめぐる言説の一角に鎮座しており、意外なほどに深く広く、自明なものとして受容されているようにみえるのだ。

折口の大嘗祭論といえば、天皇霊にかかわる側面においてのみ注目されるのがつねであるが、実は、もはや折口が起点であることすら忘却されながら、確固とした定説と化して流通している折口大嘗祭論の重要なモメントがある。大嘗宮の神座におかれた寝具を、記紀の天孫降臨神話のなかで、ニニギノミコトがくるまって降った「真床襲衾」に比定した、マドコオフスマ論である。岡田精司は「大王就任儀礼の原形とその展開」(『天皇代替り儀式の歴史的展開』所収)において、〝天孫降臨神話と大嘗祭の関係に本格的に注目した最初は折口信夫の「大嘗祭の本義」であろう〟と述べ、折口以後の定説といってよいマドコオフスマ論を根底から批判する作業をおこなっている。

前著『古代王権の祭祀と神話』(初版は一九七〇年)では、岡田がむしろ折口の天皇霊論に積極的な意義を認めていたことは、否定しがたい。たとえば、そこに収められた論考「即位儀礼としての八十嶋祭」には、こんな一節がある。すなわち〝折口氏の説のように、大嘗祭にも〈天皇霊〉を新帝に付着せしめ天皇の資格を得させるという、呪術的意義を認めるのが妥当であろう〟と。むろん、その数行あとには、〝もちろん他の要素も含まれており、それだけとはいえないが〟という、控えめな留保を付したうえではあるのだが。それ以降、岡田は折口大嘗祭論の検証をすすめてきたが、そのひとつの総決算として、先の論考「大王就任儀礼の原形とその展開」のなかの折口批判は書かれているとみてよい。

岡田精司の歴史学サイドから放たれた一連の批判を、真正面からひき受けることなしには、折口大嘗祭論が暗黙の了解の水準を脱して生き延びてゆくことは困難であるだろう。折口の天皇霊を核とした大嘗祭論には、はたして可能性が残されているのか。この論考では岡田の批判とは異なる角度から、その興味深い主題に接近してみたい。

天皇霊論は折口のなかで、マドコオフスマを象徴的な媒介項としながら、天孫降臨神話を大嘗祭の祭儀的な影の射しかかる神話としてとらえる理解と、分かちがたく連結されている。天皇霊論とマドコオフスマ論とが、いわば、折口大嘗祭論を基底にあってささえるふたつの重要なモメントになっている、ともいえるだろうか。

ところで、岡田精司が「大嘗祭の本義」について、天孫降臨神話と大嘗祭の関わりに本格的に注目したはじめての論考と評価していることには触れたが、両者の関係を「発見」したのは実は、折口信夫が最初ではない。たとえば、一八七一年の大嘗会告諭には、たいへん明確に、天孫降臨神話と大嘗祭をつなげる志向が打ちだされている。すでに、第一章(第II部)でも柳田国男に触れた際に引用しているのだが、あらためて必要な部分を引く。以下のようなものだ(便宜上、段落分けをほどこし番号を振る)。

(1)大嘗会ノ儀ハ、天孫瓊々杵尊降臨ノ時、天祖天照大御神詔シテ豊葦原瑞穂国ハ吾御子ノ所レ知国ト封ジ玉ヒ、及斎庭ノ穂ヲ授ケ玉ヒシヨリ、天祖日向高千穂宮ニ天降マシ々々、始テ其稲種ヲ播テ新穀ヲ聞食ス。是レ大嘗・新嘗ノ起原也。

(2)是ヨリ御歴代年々ノ新嘗祭アリト雖モ、御即位継体ノ初、殊ニ大嘗ノ大儀ヲ行ヒ玉フコトハ、新帝更ニ斯国ヲ所レ知食シ、天祖ノ封ヲ受ケ玉フ所以ノ御大礼ニシ〔テ〕、至尊御神、天祖、天神地祇ヲ饗祀マシ々々、辰日至尊高御坐ニ御シテ新穀ノ饗饌ヲ聞食シ、即チ酒饌ヲ百官群臣ニ賜フ。是ヲ豊明節会ト云フ。

（岩波日本近代思想大系2『天皇と華族』）

引用の前半(1)からは、大嘗・新嘗の起源をニニギノミコトの降臨神話と連結させる志向が、はっきりと窺えるはずだ。後半(2)では、大嘗祭を年ごとの新嘗から区別して、起源をひとしくしながらも、それが即位後はじめての大儀・大礼として挙行されることが強調されている。が、新嘗祭とは異なる、大嘗祭の王位継承儀礼としての聖性メカニズムといったものは、すこしもあきらかにはされていない。

こうして近代の幕開けにおかれた大嘗会の告諭書をかたわらに配してみると、昭和の大嘗祭に際して、折口信夫が精魂傾けて取りくんだ課題が何であったのかが、朧ろげながら浮かびあがる気がする。折口の論考「大嘗祭の本義」とは、ほかならぬ近代に再編された大嘗祭の理論化をめざしての、試行錯誤の産物だったのではないか、ということだ。そのかぎりで、折口の大嘗祭論を、無媒介に古代への眼差しの所産とみなすのではなく、近代からの眼差しがその根幹をつらぬいている可能性を、これからは十分に考慮する必要があるだろう。

さて、天皇霊論の骨格を、『古代研究』所収の「大嘗祭の本義」を手掛かりに、以下のように洗いだすことは可能だろうか。

(a)敏達紀に天皇霊という語がみえるが、それは天皇としての威力の根源の魂である。

(b)天皇の身体は、魂(＝天皇霊)の容れ物である。

(c)天皇霊はただひとつであり、身体は変わっても、この魂が入るとまったく同一な天皇(日の御子)となる。

(d)大嘗宮の寝具は、神代紀のマドコオフスマであり、天皇霊が身体に入るまで物忌みをするためのものである。

命題の(a)は、天皇の威力の根源の魂である天皇霊の実在性、(b)(c)は天皇霊と身体の関係、そして、(d)は天皇霊の継承におけるマドコオフスマのはたす役割にかかわるものである。こうして整理して並べてみると、命題(a)から命題(b)(c)へ、さらに命題(d)へと、論理の展開はなめらかな逆放物線を描いて、わたしたちを折口の大嘗祭論の秘められた中心へと誘ってゆくかにみえる。天皇霊の実在性を認めた瞬間に、わたしたちはだれしも、その天皇霊を身につけるためにマドコオフスマに籠もって鎮魂《タマフリ》する天皇のいる、秘儀の時空へと、ほとんど暴力的に、ひと息に拉し去られてゆくといってもよい。これが折口信夫という思想家の、侵しがたく、そして、甘やかに人の思考を痺れさせる麻薬にも似た魅力の源泉であるのかもしれない。

しかし、わたしは折口信夫という名の甘美な罠に、みすみす堕ちてみせるわけにはゆかぬ。命題(a)(b)(c)と命題(d)とのあいだには、それゆえ、天皇霊をめぐる信仰の古代における実在性の承認と、大嘗祭がマドコオフスマによる天皇霊の継承儀礼であることとの承認とのはざまには、たやすくは乗り越えがたい断層が横たわっていることを、まずは認めることからはじめよう。

天孫降臨神話のマドコオフスマと、大嘗宮の神座の褥・衾とがシンボリックにつながれることで、天皇霊の継承儀礼としての大嘗祭という像が析出される。言葉をかえれば、たとえ天皇霊をめぐる古代信仰の実在性が承認されたとしても、折口の大嘗祭論は、依然として実証不可能な仮説にとどまるのだが、そこに唯一裏付けをあたえているかにみえるのが、ほかならぬマドコオフスマ論であるということだ。

さて、ここでは、折口の文脈に沿って天皇霊論の腑分けをする作業は省略する。すでに、わたし自身、別のところで不十分ながら天皇霊論の検証をおこなっている（拙著『王と天皇』第五章）。そこで、とりあえずわたし自身の確認しえたことは、折口が天皇霊を、稲魂とは等価にむすばれることのない、天皇の支配権力を呪的・宗教的にささえる威力の根源としての魂＝荒魂と把握していたらしい、ということである。天皇霊に関する、折口学の側からの検証作業としては、「天皇霊」（『折口信夫事典』所収）をはじめとする、津田博幸の一連の論考などがあり、参考になる。以下、わたしは折口の文脈を離れ、記紀神話の検証から天皇霊論にアプローチする途をさぐることにしたい。

5　魂と稲

折口自身が天皇霊の例としてあげているものをふくめて、天皇霊をおもわせる表現は、『日本書紀』中から八例ほど拾いあげることができる。年代順に、その該当箇所を文脈がわかる程度に刈りこんだうえで引用する（引用・ルビは、岩波日本古典文学大系による）。

（1）垂仁後紀。タヂマモリが常世の国から帰ると、天皇はすでに亡くなっている。――〝田道間守、是に、泣《いさ》ち悲歎《なげ》きて曰《まう》さく、「命《おほみこと》を天朝《みかど》に受《うけたまは》りて、遠くより絶域《はるかなるくに》に往《まか》る。……是を以て、往来《ゆきかよ》ふ間に、自づからに十年に経《な》りぬ。豈期《あにおも》ひきや、独峻《ひとりたか》き瀾《なみ》を凌ぎて、更本土《もとのくに》に向《まうでこ》むといふことを。然るに聖帝《ひじりのみかど》の神霊《みたまのふゆ》に頼《よ》りて、僅に還り来《まうく》ること得たり。……」とまうす〟

（2）景行紀二十八年。〝日本武尊、熊襲《くまそ》を平《む》けたる状《かたち》を奏して曰さく、「臣《やつかれ》、天皇《すめらみこと》の神霊《みたまのふゆ》に頼りて、兵《いくさ》を以て一たび挙げて、頓《ひたぶる》に熊襲の魁帥者《ひとごのかみ》を誅《ころ》して、悉《ふつく》に其の国を平けつ。……」とまうす〟

（3）景行紀四十年。〝是に、日本武尊、乃ち斧鉞を受《うけたまは》りて、再拝《をが》みたまひて奏して曰さく、「嘗《むかし》、西を征ちし年に、皇霊《みたま》の威《ふゆ》に頼りて、三尺剣《みじかきつるぎ》を提《ひきさ》げて、熊襲国を撃つ。未だ浹辰《いくばくのとき》も経ずして、賊首《ひとごのかみ》罪に伏ひぬ。今亦神祇《あまつかみくにつかみ》の霊に頼り、天皇の威《みいきほひ》を借りて、往きて其の境に臨みて、示すに徳教《うつくしび》を以てせむに、猶服《まつろ》はざること有らば、即ち兵を挙げて撃たむ」とまうす〟

（4）神后皇后摂政前紀。皇后が朝鮮への出征に先立って、男装するためにウケヒをして髪をみずらに結う段。――〝皇后《きさき》、橿日《かしひ》浦に還り詣《いた》りて、髪《みぐし》を解きて海《わた》に臨みて曰はく、「吾、神祇の教《みこと》を被《う》け、皇祖《おほみおや》の霊《みたまのふゆ》を頼《かうぶ》りて、滄海《あをきうなはら》を浮渉《わた》りて、躬《みづか》ら西を征たむとす。是を以て、頭《かしら》を海水《うしほ》に滌《すす》がしむ。若し験《しるし》有らば、髪自づからに分れて両《ふたつ》に為《な》れ」とのたまふ〟

（5）欽明紀十三年。百済など三国が援軍を求めるためによこした使者に、天皇が〝詔《みことのり》して曰はく、「今、百済の王《こきし》・安羅《あら》の王・加羅の王、日本府《やまとのみこともち》の臣《まへつきみたち》等と、倶《とも》に使を遣《まだ》して奏せる状は聞《きこしめ》しぬ。亦任那と共に、心を幷《あは》せ力を一《もはら》にすべし。猶《な》尚《ほ》し茲《かく》の若《ごと》くせば、必ず上天《あめ》の擁《いだ》き護《まぼ》る福《いきほひ》を蒙《かうぶ》り、亦可畏《かしこ》き天皇の霊《みたまのふゆ》に頼らむ」とのたまふ〟

（6）欽明紀十五年。百済の使者が戦さの状況を天皇に報告して、――〝表上《ふみたてまつ》りて曰さく、「……天皇の威霊《かしこきみたま》を蒙りて、月の九日の酉時《ゆふべ》を以て、城《さし》を焚《や》きて抜《ぬきと》りつ。故、単使《ひとへつかひ》・馳船《ときふね》を遣して奏聞《まう》さしむ」とまうす〟

（7）敏達紀十年。征服されたエミシの首長らが天皇の詔をうける。〝是に綾糟《あやかす》等、懼然《おぢかしこま》り恐懼《かしこ》みて、乃ち泊瀬《はつせ》の中流《かはなか》に下て、三諸岳《みもろのをか》に面《むか》ひて、水《みづ》を歃《すす》りて盟《ちか》ひて曰さく、「臣等《やつこら》蝦夷、今より以後《のち》子子孫孫《うみのこのやそつづき》、清《いさぎよ》き明《あきらけ》き心を用て、天闕《みかど》に事《つか》へ奉らむ。臣等、若し盟に違はば、天地の諸《もろもろ》の神及び天皇の霊《みたま》、臣が種《つぎ》を絶《た》滅えむ」とまうす〟

（8）天武紀元年。壬申の乱のとき、タケチノミコが天皇に向かって、〝臂《ただむき》を攘《かきはつ》りて剣を案《とりしば》りて奏言《まう》さく、「近江の群臣、多《さは》なりと雖も、何ぞ敢へて天皇の霊《みかげ》に逆はむや。天皇独《ひと》りのみましますと雖も、臣《やつかれ》高市《たけち》、神祇の霊《みたまのふゆ》に頼り、天皇の命《みことのり》を請けて、諸将《もろもろのいくさのきみ》を引率て征討《う》たむ。豈距《ふせ》くこと有らむや」とまうす〟

わたしの関心にひき寄せる形で、以上の『書紀』中にみえる天皇霊をおもわせる表現について、いくつかの註をほどこすことにしたい。

第一に、その漢語表現には異同がみられ、「聖帝之神霊」「天皇之神霊」「皇霊之威」「皇祖之霊」「天皇之霊」「天皇威霊」「天皇霊」など、一定していない。その訓読もまた、引用文中に付してあるように和語としての定着をみていない。類似の漢語表現をもつ(2)(5)(6)(7)(8)にかぎっても、「スメラミコトノミタマノフユ」「スメラミコトノカシコキミタマ」「スメラミコトノミタマ」「スメラミコトノミカゲ」など、細部に異同がみられる。こうした漢語／和語における天皇霊に類似した表現と、折口名彙のひとつである天皇霊(これはもちろんテンノウレイと訓む)とのあいだには、簡単には埋めがたい落差があるというべきであろう。

第二に、それらの表現がいずれも、ミコトノリ・上表文・誓約の呪詞のなかに(のみ)あらわれていることが注目される。『続日本紀』の宣命のなかにも、四例の類似表現が確認されている。『書紀』の事例のうち、七例までが「に頼りて」「を蒙りて」という定型的な表現をともなうことも、おそらく偶然ではあるまい。

中村啓信が『史記』始皇本紀の以下の例を紹介している(「天皇霊」『国文学』一九八七・二所収)。すなわち、〝今海内頼二陛下神霊一、一統皆為二郡県一〟、また、〝頼二陛下神霊明聖一、平二定海内一〟——。そこに「神霊」や「頼」といった『書紀』と同一の表現がみえることから、中村はこう結論する、『書紀』の例文と「秦始皇帝本紀」の文とのあいだには構文上の決定的な差異を見いだすことはできない、と。あるいは、熊谷公男は「古代王権とタマ(霊)」(『日本史研究』三〇八号所収)のなかで、敏達紀をはじめとして『書紀』に散見する誓詞が、中国で春秋期以降、諸侯ないし国家間にかわされた会盟の際の盟約文書(盟書・載書)に、形式上類似する点があり、なんらかの影響をこうむっているものと推測している。

当然ながら、それらの指摘からただちに、『書紀』中の天皇霊をおもわせる表現は漢語的な常套句や文飾にすぎない、などと断定するわけにはゆかないだろう。しかし、『書紀』における漢文脈／和文脈のあいだのズレ・落差といったものを、周到に腑分けし押さえる作業が不可欠のものであることは、やはり否定しがたい。

さらに第三に、『書紀』の事例がいずれも、よく似た背景《コンテクスト》のなかで語られた文言の一部をなすということに注目したい。事例(1)はやや異なるが、ほかの七例はすべて、異族との戦争・征服や内乱といった状況下で、皇子・外国の使者・異族の首長らが天皇に、あるいは天皇・皇后が海神や外国の使者にむけて発した言葉のなかに見いだされるのだ。天皇・皇祖の霊が、絶大な威力をもって異族や敵対者を圧倒し、味方を守護してくれるという観念が、それら共通の状況下で発せられた呪的な文言をささえていたものだろう。

先の論考のなかで、熊谷公男は『続日本紀』の宣命中にみえる四つの事例を検討したうえで、そこに、〝天神地祇とともに皇祖の諸霊が皇位・皇統を守護してくれているという思想〟が潜在していることを指摘している。熊谷はさらに、それを七・八世紀の山陵祭祀の考察によって補強し、裏付けている。また、津田博幸は「天皇霊の考察 その二」(『三田国文』6)の一節に、『書紀』の事例を拾いあげたうえで、こう書きとめている、――〝古代のある時代の天皇家とそれをとりまく人々が、天皇のもつ霊的な威力によって守護され、敵が制圧されるという観念をもっていた、ないしは、そういうフィクションを作りあげようとしていた、ということはいえるだろう〟と。おおむね、熊谷・津田の検証を妥当な水準として受容できるはずだ。

たしかに、天皇霊をおもわせる表現は色濃く漢文脈のなかに浸されている。にもかかわらず、古代の日本人がもっていた霊魂観念を背景として、日本の古代王権をささえる守護霊の実在が信じられていたことを否定するのは、かなりむずかしいだろう。むろん、それを折口信夫の試みのように、天皇霊といった固定した名称・概念・像によって把握しうるか否かは、また、あらためて問われねばならぬ課題ではあるのだが。

さて、わたしは『書紀』中の天皇霊に類似の表現について、いくつかの註をほどこしてきた。そのうえで、『書紀』や『続日本紀』などのテクストの側から、王権の守護霊としての天皇霊の初源的な姿やイメージを浮き彫りにしつつ、折口天皇霊論との距離をはかる作業に手を染めてみたい。とりあえず、ここではふたつの側面に絞って検討することにしよう。

ひとつめに、天皇霊と皇祖・祖霊との関係について。

林房雄が『天皇の起原』のなかで、天皇は即位の大嘗祭によって天皇霊を身につけ、天照大神と一体化する、と書いていたことを想起することからはじめよう。折口説に依拠した大嘗祭の通俗的理解はたいていの場合、林にみられるごとく、天皇霊の獲得を皇祖神アマテラスとの一体化として曖昧に位置づける傾向がある。あるいは、大嘗祭のマドコオフスマ儀礼に関する折口の理解を、熊谷公男が「古代王権とタマ(魂)」の冒頭で、〝遊離魂＝外来魂としての始祖の「まなあ」を身体に鎮めて完全な天皇となるための秘儀〟と押さえていることが、関心を惹く。いわば、熊谷は折口の天皇霊を始祖の「まなあ」という水準で捉えているわけだが、その了解ははたして妥当だろうか。

わたしの確認しえたかぎりでは、折口の大嘗祭論には〝始祖のマナの継承〟(熊谷)といった視座は稀薄である。つまり、折口自身には天皇霊を皇祖神アマテラスと同一視するような記述は、ほとんどみられない。わずかに『古代研究』版に、アマテラスとの関係はニニギ・神武・今上いずれも同一で、孫ということだとあるが、それを根拠に天皇霊＝〝始祖のマナ〟と解するのは、やはり飛躍がある。折口説の受容のプロセスで、そうした曖昧な理解が定着したものとおもわれる。

さて、この主題について、『書紀』や『続日本紀』の側から接近してみたい。

先に、『書紀』にみえる天皇霊に類似の表現としてあげた八例を仔細に検討してみると、ふたつの性質を異にする天皇霊がふくまれていることがわかる。事例の(1)(2)(3)(5)(6)(8)からは、現在の天皇がおびるタマ＝天皇霊が、そして(4)(7)からは、皇祖の諸霊のあつまり＝皇祖霊がそれぞれ抽出される。これに関して、熊谷は先の論考の註のなかでこう述べている、――〝王権・天皇を守護するのは皇祖の諸霊と考えられていたのに対し、天皇の命を受けた使者・将軍を庇護するのは、その命を下した天皇のイキミタマと考えられていたのであろう〟と。

現在の天皇の身体に宿るタマ＝天皇霊とは別に、祖先である歴代天皇の集合体＝皇祖霊が存在するものと信じられていたならば、天皇霊の継承祭儀という、折口の描いた大嘗祭のイメージは、重大な変更を余儀なくされるはずである。折口によれば、天皇霊はただひとつであり、それが身体に入ることで日の御子＝天皇が誕生する。この天皇霊ははたして、『書紀』の天皇霊／皇祖霊のどちらをさすとかんがえるべきだろうか。

不変にして、たったひとつの魂。すくなくとも折口自身には、天皇霊と皇祖霊の区別はない。一体不可分のものとして了解されているようだ。のちに折口が、初期の、

〝血統以外の継承条件〟(「小栗外伝」一九二六)としての天皇霊という構図を、〝尊い御祖先〟(「上代葬儀の精神」一九三四)であるカムロギ・カムロミとして、また、〝皇祖の御魂〟(「即位御前記」一九四〇)であるスベロギとして規定しなおすにいたるのは、偶然ではない。『書紀』や『続日本紀』の側からの要請であったといってよい。と同時に、折口による天皇霊＝皇祖霊という理解が、『書紀』から抽出されるものとは齟齬を来たすことも否定しがたい。

さらに、ふたつめには、天皇霊のなかの稲作モチーフについて。『書紀』の天皇霊は、敏達紀十年の用例が典型的にそうであるように、マツロワヌ異族に帰服を迫り、天皇の支配を呪的・宗教的にささえる威力の根源としての魂であった。これは、折口が語った天皇霊の性格づけとほぼ一致するとみてよい。たとえば、折口は〝天子様としての威力の根元の魂〟(「大嘗祭の本義」)といい、あるいは、天皇霊なる語の初出である「小栗外伝」のなかでは、〝戦争・病気・刑罰・呪咀の力の源〟すなわち荒魂として、天皇霊について語っている。

ところで、折口の天皇霊は、身体の外から寄り憑く外来魂＝「まなあ」であるとくりかえし規定された。折口がこの、一八九一年に西欧の民族学会にはじめて紹介されたマナ(——メラネシア諸島で信仰されている非人格的な霊的パワーの観念)に関して、どの程度の理解をもっていたかはわからない。が、理解の度合いがなんであれ、折口が「まなあ」を外来魂と同義にむすび、天皇霊をこの「まなあ」＝外来魂であると位置づけたとき、天皇霊という外から寄り来るタマを、限りある身体しかもたぬ天皇(日の御子)から天皇(日継ぎの御子)へと継承してゆくための儀礼装置が、大嘗祭という王位継承儀礼のなかに想定されてくるのは、いわば、論理の必然的な筋道であっただろう。

しかし、『書紀』にみえる天皇霊に類似の表現から推すかぎり、天皇霊が外来魂ないし「まなあ」であるという結論を曳きだすことは、いささか困難であるといわざるをえない。それに加えて、『書紀』の天皇霊は、くりかえすが、異族やマツロワヌ人々との戦争か、それに類した状況下で発せられる呪詞のなかに(のみ)見いだされるのだ。大嘗祭・即位式・朝賀といった、折口的な天皇霊ならば当然結びつきそうな祭儀とも、いっさいの関わりがない。『続日本紀』の宣命中の天皇霊もまた、すくなくともそうした王位継承の祭儀とのつながりはもたない、といえるはずだ。

すでに、わたしは拙著『王と天皇』のなかで、折口の文脈からも、『書紀』の事例からもともに、天皇霊が稲魂や穀霊とはたいへん関わりのうすいタマであることを確認した。熊谷がやはり、天皇霊について、〃一般の神祇が王権の守護ばかりでなく、五穀の豊饒や疫病の鎮遏など、より広汎な、汎社会的な霊験が期待されているのと著しく異なる〟(前掲論文)と述べていることが想起される。『書紀』の天皇霊は、五穀豊饒のような農耕的側面とはあくまで無縁なのである。これを稲魂や穀霊として規定することには、大きな無理があるというほかはない。

こうして稲作モチーフとかぎりなく無縁で、しかも、大嘗祭はもちろん即位式・朝賀の儀などの祭儀との連結のかぼそい糸すら見いだせぬ、『書紀』や『続日本紀』の天皇霊をまえにして、わたしはあらためて、折口天皇霊論の孤立した場所をおもわざるをえない。稲作モチーフをもたぬ天皇霊を、それでも大嘗祭につなげるためには、記紀の真床襲衾を大嘗宮の褥・衾とシンボリックに結合させる、あのマドコオフスマ論が必要にして不可欠であったことだろう。

くりかえすが、折口の大嘗祭論をささえるふたつのもっとも重要なモメントは、天皇霊論とマドコオフスマ論である。両者は対をなし、いわば相互補完的に、大嘗祭という王位継承祭儀と記紀の天孫降臨神話を媒介する。天孫降臨神話はマドコオフスマ論によって大嘗祭にかさねあわされ、その衾にくるまる行為を、天皇の身体に外来魂(=天皇霊)を附着させる鎮魂・復活儀礼とみなす天皇霊論によって、大嘗祭の王位継承祭儀としての聖なるメカニズムが確定することになる。天皇霊論とマドコオフスマ論、仮りにこのどちらか一方でも欠けたとすれば、折口の大嘗祭論はたちまちにして根底から突き崩されるはずだ。

6　寝座の秘儀

折口信夫の大嘗祭論をつらぬく基層イメージを、不十分ではあれ掘りすすめながら、そこに穿たれたいくつかの亀裂とそれゆえの限界を見届けてきた。わたしがとりあえず照準を絞ったのは、天皇霊をめぐる折口の仮説である。この六十年来の仮説は、いま折口学の内／外からさまざまな厳しい批判にさらされている。平成の大嘗祭を目前にひかえて、大嘗祭の王位継承儀礼としての聖性賦与のメカニズムを解きあかした、おそらくは唯一の理論仮説であった折口大嘗祭論が、その根幹を揺さぶられているということだ。

この一九九〇年二月に発刊の『國學院雑誌』に掲載になった、岡田荘司の「大嘗祭――〝真床覆衾〟論と寝座の意味」は、國學院という、むしろ折口学の影響が強いとおもわれる場所から投げかけられた折口批判である点で、ある深い衝撃をもたらした。なぜ、いま折口の足元から、折口批判なのか――という疑問は、たとえばこの論文の最後につけられた「付記」を読むと、あきらかに窺える。

最近のマスコミに目をむけてみても、「寝具にくるまることで皇祖神と一体化する」(『朝日新聞』一九八九・九・二九)、「新穀を供え神々とともに食することで『神格』を得、完全な天皇になるとされる儀式」(『読売新聞』一九八九・一一・四)といった解釈が横行している。寝具にくるまり、神との共食により「神格」すなわち、神としての資格を与えられるという理解は、折口説の派生にすぎず、古来より伝統的に祭儀を支えてきた人々には、そのような考えはなかった。折口「仮説」に引きづられた俗説であり、六十年間にわたる幻想である。

折口の大嘗祭論は、現人神としての天皇の誕生を大嘗祭という祭儀のメカニズムの解析をつうじて裏付けた、壮大なる仮説であった。あきらかに天皇即神論にたっての仮説であり、その意味では近代の大嘗祭をささえるイデオロギーという性格と無縁ではありえない。はたして戦前・戦後に、折口の仮説がどれほど具体的な力をもったのかは定かでないが、岡田が折口批判によって、天皇を神格化するための儀礼としての大嘗祭という解釈(と、それゆえの大嘗祭批判)を、根底から突き崩そうと意図していることはあきらかだろう。岡田の論考はおそらく、象徴天皇制と齟齬をきたさぬ大嘗祭イメージの模索と創出という、秘められたモチーフをおびていたはずだ。折口の仮説がトカゲの尻尾のように切り捨てられたあとに、いったいいかなる象徴天皇の誕生儀礼としての大嘗祭という像が紡ぎだされるのだろうか。

ここでは、岡田荘司の論考を手掛かりにして、象徴天皇制のもとでの大嘗祭という、どこかしら異和を孕んだ風景の基層に眼を凝らしてみることにしよう。

岡田によれば、大嘗祭の解釈については、祭儀を伝統的にささえてきた人々つまり公家のあいだに、共同の了解が存在した。これを大きく改変したのが、折口信夫のマドコオフスマ論である。以来、折口説は六十年間にわたって、ほとんど本格的な検証もなされぬままに引き継がれ、さまざまな学問分野に推論が肥大化し波及していった。折口説を批判する人々も、全面的な否定にはいたらず、折口説を肯定するか／否定するかにかかわらず、大嘗宮の神座において秘儀がおこなわれたとみなす点では一致する、という。

天皇霊論に関しては、その文献的な実証不能性のゆえに批判者は多いが、片割れのマドコオフスマ論のほうは広く受容されてきた。岡田がいうように、大嘗祭の中心となる祭儀は、神饌供進・共食とマドコオフスマの秘儀のふたつの儀礼から成る、とみるのが現在の通説なのである。これにたいして、神座において秘儀があったことをしめす文献的な確証は何ひとつなく、折口のマドコオフスマ論も、あるいは折口を批判しつつ、大嘗宮の神座で聖婚儀礼がおこなわれたと推測する岡田精司の説も、全面的な見直しが必要とされるだろう、とするのが岡田(荘)の論考の主眼である。わたしの関心に沿って、岡田の論考の骨子を抜き出してみよう。

(1)『紀』や『続紀』にみえる「皇霊之威」「天皇之霊」などが、大嘗祭の祭儀実修をとおして天皇の体内に宿るとはかんがえられない。

(2)大嘗祭の秘儀にあたる「秘事口伝」は、神饌供進の所作次第をさす。

(3)中世の文献のなかには、天孫降臨神話にある真床覆衾を大嘗宮の神座に結びつけた見解はなく、寝具をおいた神座をさして真床覆衾とよんでいる例もない。

(4)八重畳・坂枕・衾などの寝具は、大嘗祭や新嘗祭・神今食の天皇祭祀にかぎられたものでなく、伊勢・宇佐八幡・住吉などの古社の神座鋪設に共通して用いられている。

(5)寝座秘儀説の唯一の拠りどころとされてきた『江次第鈔《ごうしだいしょう》』の『内裏式』逸文からは、天皇が神座に臥す所作を確認できない(——岡田説の重要なポイントであるが、あまり論証として説得力が感じられないのが、残念な気がする)。

(6) 寝座は神座である以上、迎えられた大神が休まれると見立てられた座であったことは動かない。
(7) 大嘗祭が成立した天武期から、祭神は一貫して天照大神であった。
(8) 天照大神と天皇とのあいだには、上下関係が存在した。資格完成ののちの祭儀のおわりに、天皇は大神への随順の心をしめす「称唯《ゐしよう》」をおこなう。したがって、大嘗祭は天皇に神格を賦与する儀礼ではありえない。
(9) 中宮は新嘗祭に深く関与していたが、大嘗祭への中宮の関与はなく、岡田精司の聖婚儀礼説は成り立たない。
(10) 新嘗が供御の官田の収穫を大神に報賽することであり、代行もかない、中宮・斎宮の新嘗祭もおこなわれたのにたいして、大嘗祭は天皇がただひとりで執りおこなう一世一度の国家的祭祀である。

まず(1)では、大嘗祭を天皇霊の継承儀礼とみなす折口の仮説が、はっきり否定される。(2)から(6)では、マドコオフスマ説が批判される。寝座は天照大神が休む座であり、そこで天皇の所作になる秘儀がおこなわれた形跡はない。大嘗祭の秘儀とは、天皇による神饌供進をさす。(7)(8)では、大嘗祭が天皇に神格を賦与する儀礼であるという説が、(9)では聖婚儀礼説が否定される。(10)では新嘗祭／大嘗祭の違いが指摘され、大嘗祭の本質が〝天皇以外の何ぴとの介在をも許さない、一世一度だけの祭祀である〟点にもとめられる。

こうして岡田荘司説の核心ともいうべき部分を抽出してみると、岡田の志向がどこにさし向けられているのかが、たいへん鮮明にみえてくる。寝具にくるまることで皇祖神と一体化する、あるいは、神人共食により神格を得るといった、いずれも天皇即神論にこそふさわしい大嘗祭解釈を、その源流である折口の仮説とともに葬り捨てることである。寝具の秘儀や聖婚儀礼といった、おどろおどろしい秘密めかした祭儀の実修など、たんなる憶説かフィクションのたぐいにすぎず、〝折口「仮説」に引きづられた俗説〟ないし〝六十年間にわたる幻想〟だった、と岡田はひたすら強調しているのだ。

それでは、大嘗祭とはいったい、いかなる祭儀であったのか、なにゆえにそれは、〝天皇の践祚に際し一世一代の重儀として斎行される、いはば国家民族再生の祭儀として、太古以来のわが国家の本質を示現する天皇親祭の大祀〟(『大嘗祭の研究』「緒言」)などと称されえたのか。岡田の論考の末尾に描かれた大嘗祭の姿は、たいへん暗示的なものである。

大嘗祭は東または東南の伊勢の方角に向って天照大神をお迎えし、神膳供進と共食儀礼を中心とする。そして第一の神座(寝座)にお移りいただき一夜休まれる。ここは天皇といえども不可侵の「神の座」である。悠紀(斎忌)殿・主基(次)殿とも、二殿合一であり、嘗殿二殿を別個に考える必要はない。要は丁重に大神を迎え清浄を重んじる主旨から、暁神膳も新殿を用いるにすぎない。主基殿における神膳供進、共食(薦享儀)が終ると夜空は次第に明るくなり、大神は帰られてゆく。

まことに厳粛・素朴な天皇一代一度の〝祭りごと〟というべきであろう。

正直にいってみれば、ここに描かれた大嘗祭の像は、かぎりなく平板で、かぎりなく貧しい。大嘗祭の祭儀の核心は、天皇がただひとりで皇祖神アマテラスと神饌を共食することである、という。アマテラスは天皇家の神話的な始祖である。その皇祖神アマテラスに神饌をそなえ共食することが大嘗祭であるのなら、それは国民とも国家とも関わりのうすい、天皇家のイエ祭りにすぎないという結論が導きだされはしないか。

あるいは、大嘗祭/新嘗祭の差異はどこにあるのか。岡田が新嘗祭との違いとしてしめしたのは、大嘗祭が〝天皇「御」一人の祭祀〟であり、その実修には〝天皇以外の何ぴとの介在をも許さない〟ということであった。しかし、大嘗祭は即位儀礼の一環であるのだから、素朴にかんがえて、年ごとの新嘗祭のように代行が許されないのは当たり前の話だろう。それが大嘗祭の本質であると岡田は強調するが、説得力にはなはだ欠けるといわざるをえない。

大嘗祭が一世一代の、天皇が天皇になるための王位継承祭儀であるのだとしたら、そこには王としての神性ないし聖性を賦与する儀礼のメカニズムが、いかなる形であれ組み込まれていなければならないはずだ。岡田の解釈からは、それがすっぽり欠落している。岡田説が王位継承祭儀としての大嘗祭の解読という意味合いにおいて、かぎりなく平板で貧しい印象しか与えないのは、むろんそのためだ。たんなる稲の収穫儀礼に還元することでは、大嘗祭の基層はまるで解明されたことにはならない。だからこそ、折口は「大嘗祭の本義」を書き、天皇霊とマドコオフスマをめぐって、王としての聖性賦与のメカニズムを仮説としてではあれ提示してみせたのではなかったか。

あるいは逆に、岡田説を敷衍していったとき、大嘗祭が実は、はじめから王位継承儀礼としての性格を稀薄にしかもたなかったことが、「実証」されるのかもしれない。その可能性は大いにある。いずれにせよ、折口の壮大なる仮説の否定は、大嘗祭の聖性賦与のメカニズムそれ自体を無に帰せしめる、いわば二律背反の試みとならざるをえない。あらためて、折口信夫の「大嘗祭の本義」がつくる磁場からの脱出が、たいへんな力技を必要とすることに、わたしたちは思いをいたすべきだろうか。……折口の壮大なる仮説は、いまだ命脈が尽きたわけではない。

終章　象徴の涯てに

1　天皇という制度

王権ではなく、天皇制なる言葉が択ばれるとき、そこでは意識すると否とにかかわらず、天皇をめぐる制度のある歴史的なアイデンティティが前提されていることは、否定しがたい。コミンテルン三二年テーゼの訳語である天皇制が、志向をまるで異にするはずの「国体」とどこか似かよった相貌を呈してしまうのは、たぶんそのためである。しかも、日本的な王権の歴史を辿ることは、天皇制の歴史を辿ることと同義ではない。天皇制は日本的な王権(→国家)の部分をなすにすぎないからだ。それをよく承知しておく必要がある。そのうえで、日本的な王権の重要にして不可欠の一角をなしてきた天皇をめぐる制度をトータルに把握するための、ひとつの方法的な試みに、ここでは手を染めてみたい。天皇という制度の歴史的アイデンティティを宙吊りにしつつ、それを丸ごと相対化＝無化してゆく途を探ることが、将来に託された課題である。

歴史のなかの天皇ないし天皇制についてかんがえるとき、近代の天皇制、ことに一九三〇年代から四〇年代にかけての軍部ファシズム下の天皇制がむしろ、たいへん限定された特異な形態であったことが考慮されなければならない。それは歴史的にいって、普遍性をもたない、すなわち近代の天皇制を範型としてトータルな天皇制の像を組み立てるのは、危ういということだ。むろん、不親政こそが天皇制にとって本来的かつ自然な形である、といった議論に帰着させる気はない。

天皇制と民衆との関わりについても、同様のことはいえる。たとえば、現人神として天皇を祀るとか、宗教的もしくは精神的な帰依の対象として天皇を拝するとかいったことは、けっして歴史のなかに普遍的にみられたことではない。近代以前にはあきらかに、民衆が天皇を生ける神として信仰の対象にするといった光景は、ごく限られたものにすぎなかったのだ。天保年間に、京都の民衆が「死にたる天神を祈るより、生きたる天神様(＝ミカド)を祈るべし」と、御所へお千度参りをしたという例などは、その限られた例外的な光景のひとつであったはずだ。すくなくとも近世末期の京都の民衆のなかに、天皇信仰の芽生えがみられたことはたしかだ。しかし、それをただちに京都以外の土地に生きてあった人々に押し広げるわけにはいかない。

近世の民衆は天皇を知っていたか否かという、いささか不毛におもわれる問いがある。天皇と民衆との接点を示唆する史料を掘り起こすことで、実は近世の民衆は天皇を知っていたのだと論じる研究が、最近になってみられるようになった。天皇制など近代の政治的作為の所産にすぎない、とするような立場にむけての批判として、それが一定の有効性をもつことは否定できない。と同時に、そうした研究からは逆に、民衆と天皇との実際的な関わりが、ほぼ京都ないし畿内にかぎられ、職人や芸能民・天皇伝承・伊勢信仰などの周辺に限定的にみられたものであることが、浮き彫りになる。乱暴な物言いであることは承知のうえだ。

たとえ近世の民衆が天皇の存在を知っていたとしても、それは天皇を生ける神として祀り、絶対的な帰依の対象にするといった天皇信仰とは、およそ水準と質を異にするものであったことに注意したい。いずれにせよ、京都や畿内の民衆はいざ知らず、列島の大多数の民衆にとって天皇などはるかに遠い存在であったのだ。だからこそ、権力を掌握した維新政府は、以下のような天皇支配の正統性を説く告諭書を出さなければならなかったのである。

天子様ハ、天照皇大神宮様ノ御子孫様ニテ、此世ノ始ヨリ日本ノ主ニマシマシ、神様ノ御位正一位ナド国々ニアルモ、ミナ天子様ヨリ御ユルシ被レ遊《あそばされ》候ワケニテ、誠ニ神サマヨリ尊ク、一尺ノ地一人ノ民モ、ミナ天子様ノモノニテ、日本国ノ父母ニマシマセバ、……

（「奥羽人民告諭」『天皇と華族』所収）

戊辰戦争がおわった直後の一八六九年の二月に出された告諭書で、農民一揆が激発する状況にたいして、天皇の慈悲と尊厳を説いて鎮静を諭したものであるという。その冒頭で、いわば新しい時代の、たとえ名目的ではあれ支配者に祀りあげられた天皇がいかなる存在であるかを、民衆に語り聞かせたものといってよい。同様の告諭書はこの時期、各地でつくられ頒布されている。

そこに、天皇が天照大神の子孫であること(↓万世一系の神話)、土地と人民はみな天皇の所有になること(↓自然万物の主であるアジア的な王の観念)、天皇は日本国の父母であること(↓天皇を父母になぞらえる擬制的な家族国家主義)など、近代天皇制の根底をなすイデオロギーが萌芽のかたちで、しかも古さびたアジア的な王権イメージと混在しつつみられることに、関心をひかれる。近代のはじめに再編された天皇をめぐる制度は、やはり前近代からの連続／非連続を孕んでいたのである。それにしても、明治初年の奥羽の民衆は、天皇がいかなる存在であるかについて明白な知識を持ちあわせてはいなかったにちがいない。それゆえの啓蒙のために起草された告諭書、であったはずだ。

わたしはここでは、天皇制を日本的な支配共同体（＝国家）に固有のシステムとして、いわば限定的に語ろうとおもう。天皇という制度を、日本的な支配共同体の構造や歴史のレヴェルにおいてかんがえるかぎり、常民大衆は直接的な関わりをもたない、つまり一定の留保をつけたうえで捨象しうるという立場を択びたい。古代律令制の初期と近代とをのぞけば、天皇と民衆とが実際的にであれ観念的にであれ、じかに関係をもつことはきわめて稀れであった。つまり、天皇という制度の歴史的なアイデンティティは、常民大衆との関係のなかにではなく、支配共同体＝国家のシステムのなかに探られねばならない、ということだ。

いくつかの先行する天皇および天皇制にかんする論考群を、いささか恣意的に換骨奪胎しつつ、以下のように定式化してみようか。

（1）天皇制にとって、歴史的な唯一の不変項は、天皇が世襲的な祭儀をつうじて、つねに不可視の呪術宗教的な威力の源泉でありえたことである。（↓宗教としての

天皇制）
（2）権威の源泉としての天皇と、政治的権力を掌握した集団・勢力との共同支配が、その形態は時代によって変化しながらも存続してきた。（↓二重王権としての天皇制）

個としての天皇は、天皇制という国家支配のシステムを主題にするかぎり、問題としてはとても小さな比重しかもたない、むしろ捨象することができる。わたしたち戦後世代の多くは、ほとんど個としての天皇という存在に、熱い関心を覚えたことがないし、これからもないだろうという気がする。すでに天皇という制度は、なかばは歴史に囲われた古さびた風景と化しつつあるともいえるだろう。わたしはだから、厳しい斎忌《いみ》のタブーを課せられてマツリゴトにしたがう、祭祀的存在としての天皇をいただきながら、天皇家と貴族、またその外縁の武家などがつくる支配共同体の二重化された全体を、天皇制とよびたい。そこで主題とされなければならないのは、個としての天皇ではなく、天皇制という名の国家支配のシステムであり、その歴史のなかの役割や構造といったものだ。

さて、わたしは天皇という制度のもつふたつの貌を、宗教としての天皇制／二重王権としての天皇制において析出した。どちらか一方の指摘だけでは足りない。宗教としての天皇制／二重王権としての天皇制を、不可分一体のシステムとして、統一的かつ全体的に把握することが必要である。

たとえば、こんな天皇制のイメージを描くことは可能だろうか。村々の常民大衆のはるか上方に、浮き島のような支配共同体が浮かんでいる。そして、その支配共同体＝国家のヒエラルキーの頂上には、ふわっと小さな密室が載っかっており、そこには天皇が聖なる中心として隔離されているのだ。天皇は国家を統べる勢力に、支配の正統性を附与する、ある究極の宗教的権威の源泉とかんがえられている。が、天皇の呪的なカリスマ性が光源として届くのは、あくまで支配共同体の内部であって、権力の争奪戦に参画することのない常民大衆は多かれ少なかれ、それとは無縁な場所に生き死にをかさねていたとおもわれる。

不変項として、天皇制の宗教的な貌があるとすると、可変的な貌としては、権威／権力の分掌体制すなわち二重王権としての天皇制がある。この二重王権としての天皇制の歴史は、おそらく中世なかばに大きな断層があって、ふたつに分かたれる。天皇がみずから権力を握る可能性へと開かれていて、朝廷というマツリゴトの庭がたしかなものとして存在した後醍醐の以前／以後では、同じように二重王権であっても、その帯びる意味は大きく異なっているということだ。戦後の象徴天皇制は、いわば中世なかば以後の、権力への途を断たれた天皇制の最期の段階と位置づけられるだろうか。

2　古代的権威

歴史のなかの変わらざる貌として、天皇制の宗教的な側面があると書いてきたが、実はそうした定式化には大幅な留保が必要である。天皇が日本的な王権をささえる権威の源泉として、千数百年の歴史をくぐり抜けてきたことは、たしかなことだ。が、その権威の構造はけっして、神代や太古の昔より連綿として絶えることなく不変であった、というようなものではない。古代律令制の時代から変わらざる貌としてありつづけたのは、天皇が支配の正統性を根拠づける宗教的威力の源泉であったということで、その宗教的な構造が不変であったわけではない。つまり、宗教としての天皇制は、歴史のなかに不変の構造として見いだされるのではない、時代との拮抗関係によってたえまなく変容をこうむってきた、ということだ。

たとえば、天皇制の呪術宗教的な権威の核を大嘗祭にもとめ、それを単純に農耕祭儀として、また、歴史的な不変性＝連続性の相において把握することの方法的な限界といったものが、ようやく見えやすくなってきた。近年、これまで手薄だった中世後期から近世にかけての天皇制、ことに即位儀礼の研究がすすみつつある。そこで明らかになってきたのは、大嘗祭を特権化し、天皇制の宗教的構造の核とみなすのは、実は、明治以後の作為されたイデオロギーの所産であるということだ。肯定的にであれ否定的にであれ、天皇制の宗教的構造の核に不変なるものとして大嘗祭をみさだめる方法は、天皇制の歴史的なアイデンティティを、大嘗祭をつうじて再生産する近代のイデオロギー＝言説の内側に、無意識に囲われているともいえるはずだ。

それにしても、天皇の宗教的権威が大嘗祭をふくめた即位儀礼のなかで更新され、代々の天皇に継承されてきたことは否定しがたい。より厳密にいえば、先帝の死と葬儀から、新帝の即位にいたる一連の祭祀・儀礼の全体のなかで、天皇の宗教的権威の継承をめぐる問題を押さえることが必要だが、ここでは即位儀礼に焦点を合わせることにしよう。わたしの関心はただ、歴史のなかに即位儀礼の変容の痕跡《あと》を辿ることである。

天皇の即位儀礼は、神器渡御の儀である践祚と、高御座にのぼって即位を天神地祇に告げる儀式である即位礼、そして大嘗祭から構成されている。大嘗祭そのものは稲の収穫儀礼としての新嘗祭と形式をひとしくし、神道的なものといってよいが、唐風・密教的な即位礼、後七日御修法《ごしちにちみしほ》や大元帥法《たいげんのほう》などの密教儀礼と組み合わされることで、即位儀礼は全体として、神仏習合的に構成されていたといわれる。

十五世紀末の一条兼良の『御代始鈔』以来、水戸の『大日本史』や国学をへて現在にいたるまで、即位礼は「漢朝の礼儀」をまなぶもので、大嘗祭こそが「神代の風儀」を映すものだとする理解が、通説のように流布されてきた。そうした大嘗祭の理念化・特権化がはじまる兼良の時代が、実は、大嘗祭の二百二十年間におよぶ廃絶期間のはじまりでもあったことは、偶然ではあるまい。

井上光貞の『日本古代の王権と祭祀』には、こんな興味深い一節がある。

> ついで戦国期に入ると、後柏原より正親町にいたる三代の間には、践祚の日どりがさらに遅れるとともに、剣璽渡御そのものがおこなわれなくなっている。このことは、即位儀がこの三代では、二一年・一〇年・三年というように著しく遅延してくることとやはり並行している。ちなみに、大嘗祭が後土御門の文正元年（一四六六）以後廃絶してしまうこととも並行する現象である。このような現象は、古くは皇室の衰微としてとらえられていたが、私はむしろ、室町幕府の滅亡とともに、古代的権威がその生命を終ろうとする事態のあらわれではないかとおもう。

戦国期における即位儀礼の縮小・解体をめぐる、この井上の解釈には、たいへん惹かれるものがある。皇室の経済的衰微とみなす通説に異をとなえて、井上はそこに、天皇とその即位儀礼に集約される〝古代的権威〟の終焉を見いだしている。ここにいう〝古代的権威〟が何を意味するかは、あらためて問われねばならないとしても、後醍醐の敗北をへて、もはや天皇自身が権力を掌握する途が断たれた十五世紀の段階には、天皇のおびる権威の質も、権威／権力の分掌体制も大きな変容を余儀なくされつつあったのだ。

たとえば、最近の研究によって、院政期になって即位礼に密教的な即位灌頂が加えられたことが、明らかにされてきた。即位灌頂とは、天皇が即位礼の際に、高御座のうえで、摂関によって伝授された印明の知識をもって秘印をむすび、ダキニ天の真言をとなえる儀礼である。秘印は四海領掌印といい、天皇が日本列島をとりまく海域内を統治する正統性を象徴する印であり、ダキニ天の真言は、天皇の大日如来(天照大神の本地)との性的な結合による一体化と変身を意味する、とされる。こうした即位灌頂が恒例化されるのは、一三八二年の後小松のときからである。中世の後期から近世の初頭にかけて、大嘗祭が途絶するのとは対照的に、即位灌頂の実修をふくむ即位礼は遅れがちながら継続された。即位灌頂が廃止されたのは、幕末の孝明天皇のときである。

上川通夫は「中世の即位儀礼と仏教」（『天皇代替り儀式の歴史的展開』所収）という論考のなかで、以下のように述べている。

> 一体、伝統的とも言われる即位式において、たとえ顕密僧が巧妙に排除されていたとしても、天皇が仏教的即位儀礼を実修したとすれば、そこには天皇の歴史上で重大な画期があったと考えねばなるまい。また、即位式に密教の秘儀が付加されたことによって、即位式がより重要な意味を有することになったのではあるまいか。恐らく、最極秘儀としての大嘗祭が断絶する時期において、本来は百官万民に即位の事実を公然と告示する理念をもつ即位式に、密教の秘儀が加わり、天皇が始源の霊格を獲得するという目的が果たされることになった、ということであろうと思う。つまり中世天皇の権威は、顕密仏教が重要な構成要素であったのであり、即位灌頂の実修を加えた即位式で天皇の資格が獲得される限り、大嘗祭を必要としない歴史的段階が存在したのである。

大胆な仮説ではあるにちがいない。上川はここで、即位灌頂の実修を加えた即位礼によって天皇の権威や資格が獲得されるかぎり、大嘗祭を必要とはしない歴史的な段階が存在した、と語っているのだ。〝古代的権威〟の終焉にまつわる風景のひと齣である。その〝古代的権威〟をささえる、もっとも重要な儀礼装置であった大嘗祭がとだえる一方で、密教化された即位礼がかろうじて、いわば〝中世的権威〟を更新する儀礼の中核となってゆく。天皇をめぐる権威の構造は、あきらかに一条兼良が〝御即位は漢朝の礼儀をまなぶなり、大嘗会は神代の風儀をうつす〟と、ある理念《イデオロギー》の方位に沿って書いた時代にはすでに、根底からの変質を遂げつつあったのである。

あるいは、戦国期にいたって、天皇制は世俗的君主権力としてはむろんのこと、呪術的祭司王権としても没落したとする説が、水林彪によって提起されている(「幕藩体制における公儀と朝廷」『日本の社会史』第三巻所収)。水林によれば、古代天皇制は呪術的祭司王権/世俗的君主権力のふたつの側面から成っていたが、それは戦国期までに総体として没落した。前者の呪術的祭司王権としての側面をささえていた、律令の規定する祭祀大系の断絶をもって、水林は戦国期における呪術的祭司王権としての没落を語ったのである。

そうした水林彪の主張の背後には、天皇の本質を非権力的な、呪術師・祭祀者としての属性にもとめる人類学的な理解にむけての批判というモチーフが、あきらかに横たわっている。天皇制の変わらざる貌として、天皇の宗教的権威のにない手つまり祭司的側面を強調する人々にたいする批判、といってもよい。はたして天皇の祭祀者としての貌は、もっとも天皇制が衰退していた中・近世にも見いだされるのか。天皇制の歴史的アイデンティティ＝連続性はあるのか、ないのか。中世後期から近世の天皇制の性格をどのように評価するかという、これまで手つかずに放置されてきた問題が、いま決定的な意味をおびてせりあがりつつあるようにみえる。水林の論考はまさにそこに切り込んだものだ。

呪術的祭司王権としての没落を、水林は即位儀礼の面から、こう語っている。

令制における天皇の即位儀礼には、俗的性格を有する即位礼と呪術的祭祀的性格を有する即位祭(践祚大嘗祭など)の二種があったのであるが、……かろうじて挙行され続けた即位式典とは、実は、俗的性格の即位礼であり、呪術的な性格を有する即位祭の方は戦国期までに全く途絶してしまったのである。

しかし、水林の指摘に反して、院政期以降の即位礼はかならずしも世俗的なものとはいえない。密教的な即位灌頂が附加されることによって、中世の即位礼は、天皇が大日如来(または天照大神)という始源の霊格を得る、呪術宗教的な儀礼と化していたと想像される。依然として、この段階にも天皇の呪術的ないし宗教的な権威は細々とではあれ、継承されていたとみるべきではないだろうか。

中世後期から近世にかけての天皇制がもった権威の質が、呪術宗教的／世俗儀礼的のいずれであったかは、今後の研究にまつほかない。とはいえ、この、もっとも零落して、大嘗祭をはじめとする律令的な祭祀大系を維持できず、ほとんどを廃絶させ、わずかに密教的な即位礼をつうじて天皇が天皇になりえた時代にも、やはり天皇が国家支配の正統性を保証する、最高の権威の源泉であったことは否定できないはずだ。権威の構造それ自体は変化しながらも、権威の源泉としての座＝役割だけは手放さぬことによって、天皇はしたたかに支配共同体の内側にとどまり続けたのだ、といってもよい。たぶんそこに、天皇という制度が後醍醐の敗北ののちにも生き残った謎の一端が、覗けているにちがいない。

3　近世・近代の復興

戦国期に衰退し廃絶になっていた朝廷の儀礼祭祀は、近世の初期から中期にかけてしだいに復興されてゆく。たとえば、立太子・立后などの臨時の朝儀、神宮例幣・石清水放生会・賀茂祭・新嘗会・後七日御修法といったものだ。祈年祭・月次祭・神嘗祭などの復活は、明治維新をまたなければならない。大嘗祭もまた、二百二十年間におよぶ中絶ののちに、一六八七年に復興され、一代おいた桜町天皇の一七三八年から恒例化する。

近世の大嘗祭復興については、まだ明らかにされていないことが多いが、わたしの関心にひき寄せていくつかの指摘をしておく。ひとつは、二百二十年間の空白期間をへて、大嘗祭はよく再現されえたかという問題だ。再興にあたり、祭儀の有職が研究され、膨大な古い文献・記録が参照されたといわれるが、祭儀の中核をなす天皇自身の執りおこなう祭祀は、摂関家の口伝による「秘儀」として伝承されてきたものである。「秘儀」は「秘儀」ゆえに、戦国期の途絶以前の内容がはたしてよく伝えられ、再現されえたか、疑問視されるところだ。すくなくとも、近世の大嘗祭が「太古以来」の姿・形のままであったとは、到底おもえない。

そして、いまひとつ注目したいのは、一七三八年の再興が将軍吉宗の意向に沿い、幕府側からの要請にしたがって、その援助のもとにおこなわれたことである。将軍・

幕府側と天皇・朝廷側とのあいだには、虚々実々の駆け引きがあり、再興に到りついたものだが、その意味するところはかならずしも明らかではない。

近年、徳川将軍家が家康の神格化と東照大権現信仰などによって、王権をささえる自前の宗教的権威の創出をめざしていたことが知られるようになった（――たとえば、内藤正敏「夢幻王権論」『民俗宗教』第二号所収など）。いわば、権威／権力の分掌体制ではなく、権威＝権力を一身に体現する王権への志向ということだが、これはすでに早く足利義満などにもみられたものである（今谷明『室町の王権』）。徳川吉宗による、近世なかばの大嘗祭復興は、それゆえ、徳川将軍家が自立的な宗教的権威の創出システムをつくることに失敗した帰結としての、ある挫折を孕んだ選択であったのかもしれない。

さらに、明治期になって、天皇の即位儀礼は大きな変更を加えられたうえで再編成されている。近世までの即位儀礼は、大嘗祭・即位礼をふくむ、一連の神仏習合的な儀礼大系として構成されていたという。ところが、明治の再編をつうじて、儀礼プロセスの全体から、唐風および仏教・陰陽道・道教的な要素が排除された。その結果として、即位礼が神道風によそおいを変える一方、大嘗祭はより純神道的な性格を強め、あらためて即位儀礼の中核として位置づけなおされることになった。一八八九年の皇室典範によって、大嘗祭と即位礼という、ふたつの実施時期も形式も異なる儀礼が大礼(典)として一括されるにおよんで、大正・昭和そして平成とつらなる「御大典」の輪郭はさだまったのだ。

もうすこし具体的に、即位儀礼に加えられた変更の痕跡《あと》を辿ってみよう(高木博志「明治維新と大嘗祭」『天皇代替り儀式の歴史的展開』所収)。まず、即位礼については、即位灌頂・唐制の礼服・香木進献の儀などが廃止されている。陰陽師の集団である摂津・河内歴代組による、即位礼と大嘗祭への奉仕も拒否されたという。そのことは逆に、陰陽師の天皇の即位儀礼にたいする関与が古くはあったことを示唆しており、関心をそそられるところだ。いずれであれ、唐制・仏教・陰陽道といった、非神道的な要素が排斥されていることがわかる。

新義としては、水戸の斉昭が孝明天皇に献上した地球儀が使われた。

「宇内(世界)の大勢を洞観し、皇威を四表に発揚せん」と、その地球儀を紫宸殿のきざはしの先、南庭の正面に、玉串の台と接して置き、天皇がこの二つにむかいあうのである。地球儀はいわば神のよりしろと等しい地位をあたえられるはずだった。神性と文明の奇妙な合体の演出である。もしこれが実現していたら、と思わせるが、あいにく前日からの雨で南庭はぬかってしまい、地球儀は南はずれの承明門内におかれたという。（飛鳥井雅道『明治大帝』）

天皇と地球儀の奇妙な取り合わせには、思わず立ち止まらずにはおれない。唐風や密教・陰陽道の色合いを排斥したあとに、前例がないまま新時代にふさわしい即位礼をつくらねばならなかった、苦肉の策ではあったのだろう。近代の天皇の葬儀がそうであったように、即位礼もまた、およそ伝統などとは無縁なあらたに創出された儀礼であったことを知る必要がある。

大嘗祭については、以下のような変更が指摘されている。近世の大嘗祭が、畿内の神仏勢力や在地からの献納・奉仕と、幕府の財政的援助のもとに執りおこなわれたのにたいし、一八七一年に東京で挙行された大嘗祭は、日本の全国土を支配する権威＝権力の祭儀へと理念的にひろげられた。近世には、悠紀国は近江、主基国は丹波か備中と決められていたが、このとき悠紀国・主基国を全国から卜定する古代の方式を復活している。天下の穢れや悪を祓除する大祓が再興されていることも、注目されるところだ。

日程は四日間から、大祀・豊明節会の二日間に短縮になり、古代以来の形骸化した儀礼が廃止された。節会の肥大化にともない、大嘗祭は「秘儀」性を残しながらも、全体としてにぎやかなセレモニーへと転換されていった、という。のちに、柳田国男は大礼として即位礼と一体化させられることで、大嘗祭の神秘性が稀薄になったと批判をおこなうのだが、すでに明治の大嘗祭から脱神秘化の傾向ははじまっていたのである。

明治維新における天皇の即位儀礼の再編が志向していたものは、唐制・仏教・陰陽道などの要素の排除による純神道化と、近代国家を統べる王権にふさわしい祭儀の創出ということであっただろうか。ここにはあきらかに非連続がある。近代のはじまりには、天皇の即位儀礼に大きな改編の手が加えられているのだ。天皇という制度はこのとき、たんなる伝統の遵守ではない、あたらしい時代にふさわしいイメージと形態をもとめられていたのである。

こうして天皇の権威を更新する即位儀礼にまつわる、歴史的な変遷のいくつかのエポックを拾ってみると、天皇制の歴史的なアイデンティティの核に大嘗祭をみさだめる方法の限界が、あらわになる気がする。すくなくとも大嘗祭は、古来連綿として変わらざる姿のままに受け継がれ、天皇制の宗教的威力の源泉をなしてきたわけではない。むしろ、戦国期にとだえた段階で、天皇のおびる〝古代的権威〟の更新の儀礼としては、ひとたびその象徴的な役割の大半を失っていたのかもしれない。近世の復興、そして明治維新における再編成によって、歴史の昏がりに埋もれていた大嘗祭は蘇生させられ、ふたたび重要な役割を託されるにいたったのだ。それはたぶん、かつての〝古代的権威〟をささえる儀礼としての意味をそぎ落とされ、あらたな時代の支配共同体に正統性を附与する儀礼装置へと、面目を一新していたといえるはずだ。

4 天皇制の終焉

わたしはすでに、戦後まもない時期の津田左右吉や和辻哲郎の一連の論考のなかから、その後の象徴天皇制を基層においてささえる、もっとも重要なイデオロギーの源流を掘り起こしてきた。津田は国家や宗教との結びつきを否定し、天皇がもっていた伝統的な権威はあくまで精神的なものであるとし、〝国民的結合の中心であり国民的精神の生きた象徴であられるところに、皇室の存在の意義がある〟(「建国の事情と万世一系の思想」)と語った。和辻はやはり国家や国体との結びつきを否定し、天皇のおびる権威の宗教性を巧みに表層から沈めたうえで、〝国民の生ける全体性の表現者〟(『続日本精神史研究』)として、〝文化共同体としての国民あるいは民衆の統一〟(「国体変更論について佐々木博士の教えを乞う」）の象徴としての天皇イメージを語った。

ふたりの思想家が、国家や宗教とはきりはなされた、文化的・精神的な象徴の位相に、新しい時代の天皇のあるべき場所をひき絞っていったことは、むろん偶然ではあるまい。国家・宗教から文化・精神への転換をはたすことによって、天皇という制度は戦後社会に生き延びてゆくわずかな方途《みち》を見いだしたのだ。あるいは、ふたりの思想家によって生き延びてゆく可能性を託されたのが、文化と精神という場所であったといってもよい。

天皇という制度をかんがえる際には、宗教としての天皇制／二重王権としての天皇制を、不可分一体のシステムとして統一的に把握しなければならないことを指摘した。支配共同体＝国家に正統性をあたえる権威の源泉、つまり宗教としての天皇制と、祭祀・儀礼にたずさわる天皇／実際に権力を行使する支配層との、権威／権力の分掌体制である二重王権としての天皇制とが、複雑に絡みあったところに、歴史のなかの天皇制の像は結ばれなければならない。そして、わたしたちの生きてある現在は、そうしたイメージで描かれるべき天皇制の歴史がついに終焉を迎えた時代として、やがて記憶されることになるだろうという予感が、わたしにはある。

津田・和辻に即していえば、こういうことだ。かれらは戦後の象徴天皇制の像を組み立てるときに、宗教や国家との結びつきを否定した。いわば、天皇ないし天皇制が宗教的な権威の源泉として、また、権威／権力を分かちもつ二重王権として存在しつづけることが否定されたのだ。これまで千数百年にわたって、幾多の盛衰をくりかえしながら生き延びてきた天皇をめぐる制度の歴史が、やがて幕を閉じようとしていることを予知しつつ、なおかつそれを思想的に掬いとって、天皇という制度の生き残りをはかるならば、文化の伝統や精神的な権威といった水準に、最期の天皇の場所をもとめてゆかざるをえなかった、ということだろうか。そうした文脈からは、津田・和辻の象徴天皇制論は、制度《システム》としての天皇制の歴史が終焉にいたり、形骸化の段階にはいってあらわれた最期の天皇制イデオロギーであるといえるにちがいない。

しかし、歴史のなかの天皇が、〝何よりもまず、祭りをする人であり、この国の最高祭司としての宗教的権威を、ながく承けつたえてきた存在〟(村上重良『天皇の祭祀』)であり、そのおびる宗教的権威ゆえに、歴史上つねに政治的権力＝国家を掌握した勢力によって担ぎあげられる「玉《ギョク》」のようなものであったことは、やはり否定しがたい。天皇は常民大衆の精神的な帰依の対象として、あるいは、日本文化の生ける象徴として、千数百年の歴史をくぐり抜けつつ存続させられてきたわけではない。天皇はつねに・すでに、常民大衆からははるかに遠い雲上界にいて、宗教や国家とともにあったのだ。伝統文化のにない手としての天皇など、所詮、宗教や国家の隙間からこぼれ落ちた表層のイメージにすぎない。

天皇という制度は疑いもなく、宗教的な構造を核として更新されてきた。そうした宗教としての天皇制が、もっとも凝縮されたかたちで表出されるのが、大嘗祭をはじめとする天皇の即位儀礼であることは、くりかえし語ってきたところだ。しかも、わたしたちの生きてある現在はたぶん、天皇制の宗教的かつ儀礼的な構造をささえてきた物質的な基盤が、やがて根こそぎに失われようとしている未曽有の時代である。天皇という制度は避けがたく形骸化してゆく。

> 大嘗祭は、稲作農業を中心とした我が国の社会に古くから伝承されてきた収穫儀礼に根ざしたものであり、天皇が即位の後、初めて、大嘗宮において、新穀を皇祖及び天神地祇にお供えになって、みずからもお召し上がりになり、皇祖及び天神地祇に対し、安寧と五穀豊穣などを感謝されるとともに、国家・国民のために安寧と五穀豊穣などを祈念される儀式である。
>
> （「即位の礼準備委員会」の見解、『朝日新聞』夕刊、一九八九・一二・二一）

平成の大嘗祭はこうして、瑞穂の国を統べる王である天皇によって執りおこなわれるイネ祭りとして、公には認知されることになった。このとき、平成の大嘗祭はイネ祭りの貌をもつ最期の大嘗祭となる運命を背負わされた、ともいえるだろうか。農耕祭儀としての大嘗祭に天皇制の権威の核心をみさだめるかぎり、もはや未来はない。それはひたすら、物質的な基盤を失い、小さな存在と化してゆかざるをえないだろう。

だからこそ、伝統文化のにない手、また精神的な権威の拠りどころといった場所にしか、天皇という制度(↓存在)の将来のイメージを収斂させることが不可能になっているのだ。ところが、たとえば津田左右吉のいう天皇の精神的権威といったものには、はじめからそれをささえる根拠や基盤がない。天皇のおびる精神的権威が更新され、継承されてゆくべき祭祀や儀礼などの象徴装置は存在しない、ということだ。大嘗祭が天皇にもたらすものは、古くは祀り/祀られる神としての、また宗教的な権威の源泉としての貌であり役割であった。大嘗祭が天皇に精神的な権威や、文化の統合の中心としての象徴性といったものを附与するなど、本来ありえないことは、とりたてて指摘するまでもあるまい。

くりかえすが、象徴天皇制にはそれをささえるシンボリックな基盤が存在しない。そこに、戦後の象徴天皇制をめぐるイデオロギーのもつ虚構性が、もっとも露わに覗けている。平成以降の天皇は、表層の身振りとして象徴を演じ、文化や精神のやわらかく収斂される場所であることを志向しつつ、にもかかわらず、依然として、秘められた位相にあっては宗教的な存在たりつづけることを宿命づけられているはずだ。

この、象徴と宗教のはざまにひき裂かれた、天皇という名の古さびた王権はいま、ようやく空虚の中心へと到る道行きを歩みだしたのかもしれない。空虚の中心、それは過去ではなく、未来の風景としてのみ有効性をもちうる、天皇のイメージでなければならない。神から象徴へ、そして空虚へと到る道行きの涯てに、かぎりなく〝ただの人間〟に近付いてゆく天皇の、わたしたちと変わらぬ等身大の姿が、いま、くっきりと像を結びはじめたところだ。何年先の未来になるのかはしれない。が、それは不可逆にわたしたちが辿る道行きである。あらゆる王権の歴史に、……例外はない。

補章　象徴天皇をめぐる祭祀のゆくえ

1　象徴的行為としての旅

いま、わたしは宮内庁のホームページに掲載されている、平成二十八(二〇一六)年八月八日に公表されたビデオ・メッセージを前にして、思いを揺らしている。宮内庁によって、「象徴としてのお務めについての天皇陛下のおことば」(以下、「おことば」と略す)と名づけられているものだ。これについて、歴史家の山口輝臣が「宮中祭祀と「平成流」――「おことば」とそれに映る天皇像」(『平成の天皇制とは何か』岩波書店)という論考のなかで、とても興味深い読み解きをおこなっている。それは「八二歳の明仁天皇による短い公的な自伝」にして、「これまでの天皇にはほとんど存在しない貴重な史料」である、という。たしかに、天皇その人の「肉声」が感じられる文章であることを否定するのはむずかしい。

たとえば、冒頭に近く、「天皇としての自らの歩みを振り返る」と見える。さらに、「私が個人として、これまでに考えて来たことを話したい」(傍点筆者、以下同)とも述べられている。明仁天皇はこのとき、天皇として/個人として、という超えがたいはずの裂けめをどのように凝視し、引き受けようとしていたのかと、わたしは思いあぐねる。この人はまだ皇太子のときに、中学時代のエピソードとして、家庭教師のヴァイニング夫人から将来は何になりたいかと問われ、「天皇になります」と答えたことに触れて、「普通の日本人という経験がないので、何になりたいと考えたことは一度もありません」と述べた、という。神から人間にもどった昭和天皇の長男として、真っすぐに象徴天皇という未知なる役割を背負うことを宿命づけられていた人は、たしかに「普通の日本人」として生きることを許されなかった。おそらく、天皇その人がこうして「個人として」語るという場面は、かぎりなく稀有なるものである。だから、これは短くはあれ、明仁天皇による「公的な自伝」の試みとして読まれてもいいのかもしれない。

即位以来、私は国事行為を行うと共に、日本国憲法下で象徴と位置づけられた天皇の望ましい在り方を、日々模索しつつ過ごして来ました。伝統の継承者として、これを守り続ける責任に深く思いを致し、更に日々新たになる日本と世界の中にあって、日本の皇室が、いかに伝統を現代に生かし、いきいきとして社会に内在し、人々の期待に応えていくかを考えつつ、今日に至っています。

象徴としての天皇の「望ましい在り方」とは何か、「伝統の継承者」としての天皇が背負うべき象徴という役割とは何か、象徴と伝統とはいかにしてたがいを打ち消すことなく補完しあうことができるのか……。明仁天皇はそうした困難な問いを、日々の実践のなかで、「社会に内在し」ながら引き受けようとしたのではなかったか。そこから、さらに問いがあふれて来る。たとえば、天皇が社会に内在するとはいったい、いかなる状況なり現象なりを意味しているのか、と。それはむしろ、この日本という歴史風土のなかでは、天皇が社会に外在する特異な存在であったことをこそ剔きだしにするのではないか。「普通の日本人という経験がない」という皇太子時代の真率な言葉を、そこに重ねあわせにしてやればいい。社会にいかにして内在するか、というテーマは、すくなくとも「普通の日本人」にとっては無縁なものだ。すでにして、つねに内在しているからだ。このテーマの秘めるより普遍的な問いとしての地平に、関心をそそられている。

さて、「おことば」の核心をなす部分に眼を凝らさねばならない。

私が天皇の位についてから、ほぼ二八年、この間《かん》私は、我が国における多くの喜びの時、また悲しみの時を、人々と共に過ごして来ました。私はこれまで天皇の務めとして、何よりもまず国民の安寧と幸せを祈ることを大切に考えて来ましたが、同時に事にあたっては、時として人々の傍らに立ち、その声に耳を傾け、思いに寄り添うことも大切なことと考えて来ました。天皇が象徴であると共に、国民統合の象徴としての役割を果たすためには、天皇が国民に、天皇という象徴の立場への理解を求めると共に、天皇もまた、自らのありように深く心し、国民に対する理解を深め、常に国民と共にある自覚を自らの内に育てる必要を感じて来ました。こうした意味において、日本の各地、とりわけ遠隔の地や島々への旅も、私は天皇の象徴的行為として、大切なものと感じて来ました。皇太子の時代も含め、これまで私が皇后と共に行《おこな》って来たほぼ全国に及ぶ旅は、国内のどこにおいても、その地域を愛し、その共同体を地道に支える市井の人々のあることを私に認識させ、私がこの認識をもって、天皇として大切な、国民を思い、国民のために祈るという務めを、人々への深い信頼と敬愛をもってなし得たことは、幸せなことでした。

明仁天皇による、天皇の「望ましい在り方」についての認識は、ここに鮮やかに語られている。法制度的に定められた国事行為のほかに、「国民の安寧と幸せを祈ること」＝宮廷祭祀と、「人々の傍らに立ち、その声に耳を傾け、思いに寄り添うこと」＝象徴的行為とが挙げられ、それが「不可分な連関を有する」ことを、山口輝臣が指摘している。しかも、この宮廷祭祀／象徴的行為が、「ともに制度的な裏付けがほとんどなく、天皇個人の意向を反映させることが比較的容易な領域である」とされることは、見逃しがたい論点ではなかったか。すなわち、それらは象徴としての天皇にとっては、公的な行為として顕わされながら／隠されている、それゆえ私的な領域に曖昧に留めおかれているのかもしれない。

ここから問いは幾重にもよじれて来る。見えない暗箱のなかに身を潜めているものを解き放つとき、なにが起こるのか。象徴天皇という物語はいまも、精神的かつ理念的な盛られるべき内実をもとめて、いずこへとも知れず漂いつづけていることを忘れてはならない。それゆえに、こうした天皇の「望ましい在り方」が次代の天皇によって継承されるのか否か、それすら確定的に語ることはむずかしい。それは依然として、そのつど、あらたに問われるべきテーマであり続けている。明仁天皇によって実践的に創られ、象徴天皇としての「望ましい在り方」として提示されたものが、いつか懐疑にさらされ、穏やかな継承を許されぬ政治状況が生まれるかもしれぬ可能性を排除するだけの、将来への信を、いかにして担保することができるのか。

ここで、象徴的行為について触れておきたいことがある。すなわち、「国民に対する理解」を深め、つねに「国民と共にある」自覚を育てるためにおこなって来た「日本の各地、とりわけ遠隔の地や島々への旅」が、大切な「天皇の象徴的行為」として提示されている。皇后とともにおこなって来た旅はなにより、「その地域を愛し、その共同体を地道に支える市井の人々」への生きられた認識をもたらした。その人々こそが「普通の日本人」であることに気づかれた瞬間が、あるいは契機をなすできごとが、きっとどこかに存在する。そうした象徴的行為ゆえに、天皇として「国民を思い、国民のために祈るという務め」つまり宮廷祭祀を、より具体的な「人々への深い信頼と敬愛」をもってなしえた、と語られているところに、注意を促しておく。分かちがたく、象徴的行為／宮廷祭祀は表裏をなして結ばれているのである。

ところで、いわゆる「人間宣言」のなかで、「朕は爾等国民と共に在り」とおごそかに述べた昭和天皇が、巡幸をくり返して熱狂的に国民に迎えられたことを想起してみるのもいい。そこにはしかし、おそらく、「その地域を愛し、その共同体を地道に支える市井の人々」にたいする生きられた眼差しといったものはなかったか、と思う。竹内正浩の『旅する天皇』(小学館)に示された、明仁天皇による平成三十年間の旅の記録には、なにか尋常ならざる気配が漂う。その内実がどれほど特異なものであるにせよ、明仁天皇と美智子皇后が「三大行幸啓」のほかに、震災・豪雨・噴火の被災地や、太平洋戦争の戦地、ハンセン病療養所、列島の島々などへの旅をくりかえしたことは、むろん偶然ではありえず、きわめてメッセージ性の強いものであったはずだ。そこにはあきらかに、弱き人々や傷ついた者たちのかたわらへと、慰藉と鎮魂のために赴くための旅というテーマが通底している。その評価はひと筋縄ではいかないが、明仁天皇の思い描く象徴的行為の核心に触れてくるものであることは、否定しようがない。「国民と共に」在ることもまた、けっして自明なものではないことを、銘記しておいたほうがいい。

2　秘め隠される天皇の祭祀

そもそも象徴天皇とはなにか、というテーマにたいして、揺るがぬ解がどこかに転がっているわけではない。日本国憲法の第1条には、「天皇は、日本国の象徴であり日本国民統合の象徴であつて、この地位は、主権の存する日本国民の総意に基く」とある。これ以上でも以下でもなく、象徴の規定はあくまで曖昧模糊としたものに留まる。そこに精神的ないし文化的な実体をあたえようとした思想家として、わたし自身は津田左右吉と和辻哲郎を名指ししたうえで、その思想哲学的な模索の方位や過程の一端に光を射しかける試みをおこなっている(本書第Ⅰ部の第一章と第二章)。とはいえ、それらはいまだ未知なる象徴天皇という器に、なにが盛られるべきか、をめぐってなされた試行錯誤の端緒にとどまる。その後も、昭和天皇の、また明仁天皇の周辺では、多くの問いと応答が実践的ないし思想的に積み重ねられてきた。その、とりあえずの帰結として、明仁天皇はあるべき天皇の在り方を、象徴的行為/宮廷祭祀が表裏をなして結ばれるところに絞りこんできたのである。

ところが、明仁天皇自身が身をもって提示してきた、そうした象徴天皇像にたいして、生前退位をめぐって設置された「有識者会議」は、あるひき裂かれた態度を示したのだった(以下、山口・前掲論文による)。生前退位に好意的な論者は、「おことば」にいう象徴的行為に積極的な意義を見いだし、その継続が困難であるならば譲位もやむをえないという判断を示した。それにたいして、生前退位を否定する論者のあいだでは、そうした象徴的行為への評価が低かった。かれらは日頃から皇室への敬愛を隠さず、世間からは保守的ないし右翼的と見られている人々であった。たとえば、被災地訪問について、天皇の務めとしてはいくらか間口を広げ過ぎたといった意見があるとともに、「天皇家は続くことと祈るという聖なる役割に意味がある」(平川祐弘)とか、「天皇のお役割は、国家国民のために祭祀を執り行ってくださることである。それが原点である」(桜井よしこ)、「あとはもうお休みになって宮中の中でお祈りくださるだけで十分なのです」(渡部昇一)などと、天皇の存在意義について、祈るという聖なる役割、すなわち宮中祭祀を執りおこなうことに認める意見が表明された、という。

山口によれば、大日本帝国憲法のもとでは、元首にして統治権を総覧し、大元帥でもある天皇が眼前にあって、「あえて可視化されることの稀な祭祀にその意義を求める必要が薄かった」から、祭祀をもっとも重要視する見解はむしろ、「珍しい考え方」であった、という。そして、戦後の日本国憲法のもとで、「天皇の本質を祭祀に置き、天皇を祭祀王といった形で理解するような言説」が広まっていった、とされる。とてもわかりやすい理解ではあるが、留保が必要かもしれない、と思う。

わたしのように、民俗学者として、折口信夫の「大嘗祭の本義」を拠りどころにして、天皇のもつ呪力の根源を解明しようと努めてきた者にとっては、祭祀王というより、歴史のなかの天皇がその形態や内容は時代ごとに変化しながらも、かならずみずから主宰する祭祀を根拠として呪力＝宗教的権威を確保し、更新してきたということは、譲れない認識の最終ラインといっていい。天皇の祭祀はいつだって、不可視の場所で執りおこなわれてきた。そうして秘め隠すことこそが宗教的な呪力を分泌する源泉であり仕掛けであったことは、否定しようもない。祭祀が表層から沈められ不可視化されていることは、祭祀が重要視されていなかったことを意味しない。むしろ逆に、祭祀の核心から、折口流にいえば祭祀の本義から、それと意識されないように人々の視線を逸らすことは、きわめて大切な作法なのである。たいした知見ではないが、民間レヴェルの祭りにおいても、宮司や太夫や巫女といった祭祀の主宰者たちは、神々とじかに向かいあい祈りを捧げる場面は深秘の帷《とばり》に包んで、ムラの衆の眼には触れさせないし、呪言など聞き取れないような低い声でしか唱えない。祭祀が可視化されることは、祭祀のもたらす呪力が減殺される、あるいは否定されることを意味しているとも考えられる。

たとえば、『天皇の歴史9　天皇と宗教』（講談社学術文庫）の第一部の「序」（小倉慈司執筆）のなかには、「折口信夫の仮説も充分な論拠を持ったものではなく、現在の日本史学界では否定されていると言ってよい」という言葉を見つけて、ある感慨を覚えた。

そうだろうなと納得しながら、歴史学はついに、天皇の帯びる宗教的威力の源泉には届かないだろう、と呟くように思った。それに続く章のなかに、わたしの『象徴天皇という物語』の折口信夫論を批判する一節があった。

神膳供進・共食儀礼が大嘗祭の本義であるとする岡田荘司説に対し、赤坂憲雄氏は「ここに描かれた大嘗祭の像は、かぎりなく平板で、かぎりなく貧しい」「国民とも国家とも関わりのうすい、天皇家のイエ祭りにすぎないという結論が導きだされはしないか」と批判した。しかしそうではなく、岡田荘司説を踏まえた上で、なおかつ、一見素朴に見える天皇の神祭りが一代一度の大嘗祭として規定、実施されたことの意味こそ考えるべきであろう。

誤解を怖れずにいっておけば、若き日のわたしが、岡田荘司説をある衝撃をもって読んだことを隠そうとは思わない。それが、とりわけ歴史学的な方法において導かれる、おそらくはたったひとつの「正しい」帰結であることにも、異議はなかった。わたしはきっと、それが象徴天皇制のもとでの大嘗祭にかかわる解釈としては、これ以外にありえないものであることに、深く苛立っていたのだと思う。たしかに、昭和の世の終わりの大嘗祭のなかで、寝具＝マドコオフスマにくるまって天皇霊を身に憑《つ》けたり、聖婚儀礼がおこなわれる、といったことを想像するのはむずかしい。わたし自身、「大嘗祭の本義」について、「ほかならぬ近代に再編された大嘗祭の理論化をめざしての、試行錯誤の産物だったのではないか」と書いているが、岡田荘司説もまた、平成の大嘗祭の理論化の試みであったと読み直すこともできるかもしれない。

3　没我の王権、または文化概念としての天皇

あらためて、天皇の祭祀のゆくえに眼を凝らさねばならない。とはいえ、ここではいくらか関節はずしにも似て、取りあげてみたいのは三島由紀夫と吉本隆明である。まるで異質な方位から、この二人の思想家が天皇と祭祀が交わる場所に降ろしていった錘鉛について考えることは、なにか示唆をあたえてくれるような予感がある。

三島の「英霊の聲」(『英霊の聲』所収)には、帰神《かむがかり》の法によって降ろされた荒れ狂う神霊の声として、以下のような言葉が書き留められてあった。それは、三島その人を媒体《メディア》として語りだされた神霊の声でもあり、かぎりなく三島自身の肉声のようでもある。

陛下がただ人間《ひと》と仰せ出されしとき
神のために死したる霊は名を剝奪せられ
祭らるべき社《やしろ》もなく
今もなおうつろなる胸より血潮を流し
神界にありながら休らいはあらず

むろん、昭和二十一年新春の「人間宣言」が背景に横たえられている。二・二六事件で処刑された青年将校たちや、特攻兵士たちが荒ぶる神霊となって降りてきて、なぜ昭和天皇はわれらを裏切ったのかと、まさしく言魂の刃を突きつけている。この前段には、昭和の歴史において、ただ二度だけ(二・二六の蹶起のときと国が敗れたあと)、天皇は神であるべきだった、「なんと云おうか、人間としての義務《つとめ》において、……人間であらせられるその深度のきわみにおいて」、まさに神であるべきだったが、それを逸してしまった、もっとも神であるべきときに、天皇は人間であった、と見える。その結果として、神のために死んだ霊たちは名を剝奪され、祀られる社もなく、神界にあって休らうことがない、と訴えられている。

「人間宣言」はなぜ、神霊たちへの裏切りであったのか。あきらかに、そこには昭和天皇自身の意志が含まれていたからだ。「実は朕は人間である」と語ることへの意志が見え隠れしていたからだ。天皇が神であることを信じて、身を捧げ殉じた神霊たちにとって、それは裏切り以外のなにものかでありうるか。それが三島自身の思いであったことは否定できない。三島はいわば、この「人間宣言」と日本国憲法の象徴規定を前にして、自身の立ち位置を手探りしていたのではなかったか。「人間宣言」の前段には、五カ条の御誓文が引かれて、民主主義のもとでの天皇を受け入れる準備がなされつつあったことにも、注意を促しておく。「英霊の聲」に引かれた「人間宣言」の一節を、そのままの形で引いてみたい。

『然れども朕は爾等国民と共に在り、常に利害を同じふし休戚を分たんと欲す。朕と爾等国民との間の紐帯は、終始相互の信頼と敬愛とに依りて結ばれ、単なる神話と伝説とに依りて生ぜるものに非ず。天皇を以て現御神とし、且日本国民を以て他の民族に優越せる民族にして、延て世界を支配すべき運命を有すとの架空なる観念に基くものに非ず』

さて、これにたいする裏切られた神霊たちの訴えは、以下のように展開する。

「日本の敗れたるはよし
農地の改革せられたるはよし
社会主義的改革も行わるるがよし
わが祖国は敗れたれば
敗れたる負目を悉く肩に荷うはよし
わが国民はよく負荷に耐え
試煉をくぐりてなお力あり。
屈辱を嘗めしはよし、
抗すべからざる要求を潔く受け容れしはよし、
されど、ただ一つ、ただ一つ、
いかなる強制、いかなる弾圧、
いかなる死の脅迫ありとても、
陛下は人間《ひと》なりと仰せらるべからざりし。
世のそしり、人の侮りを受けつつ、

ただ陛下御一人《ごいちにん》、神として御身を保たせ玉い、
そを架空、そをいつわりとはゆめ宣《のたま》わず、
(たといみ心の裡深く、さなりと思《おぼ》すとも)
祭服に玉体を包み、夜昼おぼろげに
宮中賢所のなお奥深く
皇祖皇宗のおんみたまの前にぬかずき、
神のおんために死したる者らの霊を祭りて
ただ斎《いつ》き、ただ祈りてましまさば、
何ほどか尊かりしならん。
などてすめろぎは人間《ひと》となりたまいし。
などてすめろぎは人間《ひと》となりたまいし。
などてすめろぎは人間《ひと》となりたまいし」

あえて乱暴に意訳する。霊たちはこう訴えている、――屈辱にみちた戦後を甘んじて受け容れるのは、まだいい。しかし、天皇がみずから「人間なり」と口にしてはならない。神として身を保ちつつ、たとえ心の裡深くでは思うとしても、けっしてそれ

を架空や偽りとは言わず、祭服に身を包んで、夜も昼も宮中賢所の奥深く、皇祖皇宗の霊の前にぬかずき、神のために死んでいった者らの霊を祭りて、ただ斎き、ただ祈るならば、どれほどか尊いことか、どうして天皇《すめろぎ》は人間《ひと》となられたのか……、と。

ここに示されていたのが、三島が抱いていた民主主義のもとでの象徴天皇、その顕密にひき裂かれながらのありうべき姿であったことを疑うわけにはいかない。皇祖皇宗の御霊《みたま》の前にぬかずき、神のために死したる者たちの霊を祭り、斎き、祈ること、まさしく祭祀こそが天皇の真姿として見定められている。とはいえ、祭祀王といった概念に還元することはできない。神にして／祭祀者であることを、いっさいの人間存在の矛盾や残酷や闇にまみれながら、なお果敢に引き受けるものを、いったいなんと名づければいいのか。宗教的権威を過剰に身にまとう天皇のごとき聖なる王の誕生のためには、きっとそれを賦与するための即位儀礼が不可欠であったはずだ、祭祀こそが鍵なのだ、そう、わたしは考える。それなしに、人がいかにして神になりうるというのか。「などてすめろぎは人間となりたまいし」という問いは、「などてすめろぎは神となりたまいし」という問いを前段に置かずには、そもそも問いとして成立しない。それにしても、三島の思念はいったい、なにを求めていたのか。ほんとうのところ、わたしは自身を納得させられる了解にすらたどり着けずにいる。

さて、「英霊の聲」から二年ほどが過ぎて、昭和四十三(一九六八)年七月、三島は「文化防衛論」(『文化防衛論』所収)を公にする。この論考から「英霊の聲」を注釈的に読みくだしてみたい気はするが、むろん、二つの論考はそれほど単純な関係にはない。「英霊の聲」が昭和天皇論の試みであったとしたら、「文化防衛論」は戦後民主主義と象徴天皇とを繋ぐための試行錯誤の一環であったのかもしれない。三島の抱えこんだテーマのひとつが、右と左からの全体主義にたいしていかに抗するか、という問いであったことを忘れてはならない。

たとえば、「文化防衛論」のなかで、三島はこう述べている。すなわち、精神の絶対的優位の見地からは、文化共同体の確立が必要とされるが、それは「絶対的倫理的価値と同時に、文化の無差別包括性を併せ持たねばならぬ」とされ、そこに「文化概念としての天皇」が登場することになる。ここで参照枠とされているのは、和辻哲郎である。和辻は民主主義と天皇とのあいだの矛盾を超えるために、天皇を国家からも分離して、「文化共同体」としての国民または民衆の統一を象徴するものとして結像させていった。

すなわち、文化の全体性、再帰性、主体性が、一見雑然たる包括的なその文化概念に、見合うだけの価値自体《ヴェルト・アン・ジッヒ》を見出すためには、その価値自体からの演繹によって、日本文化のあらゆる末端の特殊事実までが推論されなければならないが、明治憲法下の天皇制機構は、ますます西欧的な立憲君主政体へと押しこめられて行き、政治的機構の醇化によって文化的機能を捨象して行ったがために、ついにかかる演繹能力を持たなくなっていたのである。雑多な、広汎な、包括的な文化の全体性に、正に見合うだけの唯一の価値自体として、われわれは天皇の真姿である文化概念としての天皇に到達しなければならない。

ここで三島のいう「文化概念としての天皇」は、戦前の、大日本帝国憲法下の天皇へのノスタルジックな回帰といったものからは、あきらかに一線を画されていた。「国と民族の非分離の象徴」にして、「その時間的連続性と空間的連続性の座標軸」である天皇は、日本の近代史においては、一度として、その本質である「文化概念」としての形姿を現わしたことはないと、三島は述べている。米軍占領下にかろうじて維持された天皇制は、政治概念としての天皇／文化概念としての天皇という二つの側面をいずれも無力化されるとともに、大衆社会化のなかで、いわゆる「週刊誌天皇制」の域にまでその権威を失墜させられたのである。天皇と文化とは相関わらなくなり、文化概念としての天皇イメージの復活と定立は、ついに試みられることがなかった、とされる。

とはいえ、保存された賢所《けんしょ》の祭祀と御歌所の儀式の裡に、祭司かつ詩人である天皇のお姿は活きている。御歌所の伝承は、詩が帝王によって主宰され、しかも帝王の個人的才能や教養とほとんどかかわりなく、民衆詩を「みやび」を以て統括するという、万葉集以来の文化共同体の存在証明であり、独創は周辺へ追いやられ、月並は核心に輝いている。民衆詩はみやびに参与することにより、帝王の御製の山頂から一トつづきの裾野につらなることにより、国の文化伝統をただ「見る」だけではなく、創ることによって参加し、且つその文化的連続性から「見返」されるという栄光を与えられる。その主宰者たる現天皇は、あたかも伊勢神宮の式年造営のように、今上であらせられると共に原初の天皇なのであった。大嘗会と新嘗祭の秘儀は、このことをよく伝えている。

三島はあきらかに、文化概念としての天皇を支える母胎として、賢所の祭祀／御歌所の儀式を相互補完的な関係のなかに見いだしている。今上天皇にして／原初の天皇でもある存在が、あたかも伊勢神宮の式年遷宮のように、「大嘗会と新嘗祭の秘儀」に仲立ちされて聖なる座を更新されてゆく、それが文化共同体を体現する天皇の原像ではなかったか。それを支える文化的な仕掛けとして、御歌所の儀式、つまり天皇と和歌をめぐる伝統が浮上してくる。すなわち、それぞれの時代の日本文化は、「みやびを中心とした衛星的な美的原理」として、「幽玄」「花」「わび」「さび」などを生んできたが、この「独創的な新生の文化を生む母胎こそ、高貴で月並なみやびの文化であり、文化の反独創性の極、古典主義の極致の秘庫が天皇なのであった」という。三島の思い描いていた日本的な文化共同体の姿は、あきらかに欧米的な文化や美意識とは異なっている。文化共同体の中心には、天皇という「高貴で月並なみやびの文化」の結晶が変わらざるものとして据えられ、それを「文化の反独創性の極、古典主義の極致の秘庫」として、そこからたえず「独創的な新生の文化」が汲みだされてゆく、といったイメージではなかったか。ともあれ、そこに、三島はエゴイズムと全体主義を超えるための「没我の王制」を見いだしていたのであった。

それはさらに、「反革命宣言」(昭和四十三年十二月)においては、天皇が「われわれの歴史的連続性・文化的統一性・民族的同一性の、他にかけがえのない唯一の象徴」である、と言い換えられている。戦後は、議会制民主主義と象徴天皇制との「不即不離の関係」が生まれたが、このために、かえって天皇の「文化的非権力的本質」が明らかになった、ともいう。天皇の真姿は、いかなる「政治権力の象徴」でもなく、ひとつの鏡のように、「日本の文化の全体性と、連続性を映し出すもの」でなければいけない、とされる。和辻哲郎の色濃い影を、あらためて認めざるをえない。

唐突な物言いにはなるが、明仁天皇によって提示された象徴天皇像は、あるいはそれと意識されることなく、三島の「文化防衛論」が物語りした文化概念としての天皇のすぐかたわらに立ち尽くしていたのではなかったか。「週刊誌天皇制」と揶揄されながら、したたかに、しなやかに文化概念としての天皇をめざしての手探りが続けられていたのだ。そもそも「文化防衛論」という論考そのものは、けっして狂熱的《ファナティック》なアジテーションの産物ではない。むしろ、天皇が象徴として民主主義政体のもとで生き延びてゆくためには、エゴイズムと全体主義に抗いつつ、「没我の王制」としてみずからを演出する以外にとるべき道は存在しない。明仁天皇と三島由紀夫、その「文化防衛論」とは、思いがけず親和的な関係で結ばれていたのではなかったか。

4　大いなる残酷を抱いた制度として

ところで、吉本隆明が「文化防衛論」について、「文化価値としての天皇制の美的な思想的な意味を、かなり屈折した仕方で復元しようとする試み」と見なしていたことを、まず想起しなければならない。吉本はみずから責任編集をつとめた『国家の思想』(戦後日本思想大系5)に、「文化防衛論」を収録して、そこにこの評価を書き留めていたのである。

吉本が『国家の思想』の解説として執筆した「天皇および天皇制について」は、それこそかなり屈折したものではあるが、やはり透徹した思索によって探究された天皇論の試みとなっている。吉本によれば、天皇(制)は政治的権力との関わりの有無にはかかわらず、「不可解な〈威力〉」を保有してきた。しかし、天皇(制)のなかに、なにか特別な神秘性があるわけではない。かれらが本来的に世襲してきたものは、「特殊な宗教的な祭儀」だけで、それは天皇位を世襲するときの祭儀＝大嘗祭にもっとも集約されて顕われる。農耕祭儀の模写という意味をもつ大嘗祭、この宗教的な秘儀によって、天皇はまさに「宗教的な権威を世襲する」ことを長きにわたって継続してきたのである。

心に懸かってきた、こんな一節がある。

じっさいに〈天皇(制)〉が農耕社会の政治的な支配権をもたない時期にも〈自分ハソノ主長ダカラ農耕民ノタメ、ソノ繁栄ヲ祈禱スル〉というしきたりを各時代を通じて世襲しえたとすれば、この世襲には〈幻想の根拠〉または〈無根拠の根拠〉が、あるひとつの〈威力〉となって付随することは了解できないことはない。いま、〈大多数〉の感性が〈ワレワレハオマエヲワレワレノ主長トシテ認メナイ〉というように否認したときにも、〈天皇(制)〉が〈ジブンハオマエタチノ主長ダカラ、オマエタチノタメニ祈禱スル〉と応えそれを世襲したとすれば、この〈天皇(制)〉の存在の仕方には無気味な〈威力〉が具備されることはうたがいない。

わたしの考察では、これが各時代を通じて底流してきた〈天皇(制)〉の究極的な〈権威〉の本質である。

奇妙な感触がまとわりつく言葉の群れだ。しかし、天皇の帯びる宗教的かつ文化的な権威の最深部に横たわるものを、これほど無味乾燥に、真っすぐに語り抜いた天皇(制)論は、おそらくほかにはない。天皇家の世襲の伝統とされながら、しかも時代ごとに創り変えられてきた祭祀の体系こそが、天皇の権威を支える〈幻想の根拠〉または〈無根拠の根拠〉として継承されてきたのである。象徴天皇にとっても、そのアイデンティティの核にあるものは、ほかならぬ祭祀であることには変わりがない。そして、それはそれゆえにか、あきらかな法制度的裏付けを与えられることなく、私の領域に秘め隠されてきた。

たとえば、ある対談のなかで、保阪正康がとても大切な発言をおこなっている(『戦争と天皇と三島由紀夫』所収)。すなわち、「天皇が天皇である所以《ゆえん》というのは、この宮中祭祀を忠実に歴史的な伝統を踏まえながら行う」というところにあり、そうして天皇は「自己存在の確認」をおこなっていることを指摘したうえで、この天皇の伝統的な祭祀空間が、「法律上は天皇家の私的行事ということで一線を引かれて、国民には見えてこない」ために、「天皇を論じるときに一歩踏み込んだものにならないというもどかしさ」がある、と述べていた。そして、新嘗祭や大嘗祭といった五穀豊穣を祈る祭祀のなかには「霊的な意味を持たざるを得ない面」があり、それを「天皇自身はどう納得するのか」という問いを投げかけていた。これを受けて、原武史は天皇(制)研究の最大の難問が宮中祭祀にあり、それは「国民全体の平安を祈っている」わけであるから、あきらかに「公的な行為だ」と指摘していた。ちなみに、三島由紀夫は天皇家の聖域である宮中三殿に入り、内掌典と呼ばれる女性から天皇の祭祀について聞いたことがある、数少ない例外者であった、ともいう。

ムラの祭りでも、祭祀にしたがう者には厳しく清浄が求められる。そのとき、祭祀者は神仏の領域へと超脱することを必要とされ、ムラという社会から外在する存在とならざるをえないことがある。沖縄の島々の祭りのなかでは、そうした場面に遭遇する瞬間がある。岡本太郎が『沖縄文化論』のなかで、久高島のノロと呼ばれる巫女に出会い、その「娘のまま気品高く老いた」姿を印象深く描いていたことを思いだす。天皇の場合には、いかにして社会に内在／外在しながら聖なるものでありうるかという問いとなり、それは人間存在にとっての極限の状況において問われることになるのではないか。

吉本隆明が以下のように述べていたことを思いだす。

> すると〈天皇(制)〉は、かれらが社会的に何ものでもないということ、その生活過程に社会をもたないということ、観念上の〈非人間〉であるということによって、このような祭儀の世襲を可能にしてきたというべきであるのかもしれない。そしてこの観念上の〈非人間〉をとりまいている環境は、特異なしきたりからできあがっていて、世襲力を構成的にささえたとみられる。

天皇という制度はたしかに、西欧の世俗的な王権とは大きく隔たったものだと、あらためて思う。それがいわば、ひとりの生身の人間にたいして、現人神を演じたり、その生涯を国民のための祈りに捧げ尽くすことを強いるような制度であることの、大いなる残酷を思わずにはいられない。たとえば、形而上学的な意味合いにおいて、それはどれほど、〈非人間〉的な制度であることか。わたしの貧しい想像力がその深みに届きえないことに、もどかしさと無念を覚えている。

参考文献

本文中で言及した著作のうち、主なものを掲出した。近年の版があるものは併載した。

坂口安吾

「堕落論」（『堕落論』銀座出版社、一九四七年。『坂口安吾全集』第一四巻、ちくま文庫、一九九〇年）
「続堕落論」（同右）
「飛鳥の幻」（『安吾新日本地理』角川文庫、一九七四年）
「天皇陛下にささぐる言葉」（『定本坂口安吾全集』第七巻、冬樹社、一九六八年。『坂口安吾全集』第一五巻、ちくま文庫、一九九一年）

津田左右吉

「建国の事情と万世一系の思想」（『日本上代史の研究』岩波書店、一九四七年。『津田左右吉歴史論集』岩波文庫、二〇〇六年）
「上代における国家統一の情勢」（同右）

「日本の皇室」（『津田左右吉全集』第二三巻、岩波書店、一九六五年）

和辻哲郎

「封建思想と神道の教義」（『国民統合の象徴』勁草書房、一九四八年。『和辻哲郎全集』第一四巻、岩波書店、一九九〇年）
「国体変更論について佐々木博士の教えを乞う」（同右）
「佐々木博士の教示について」（同右）
「国民全体性の表現者」（同右）
『尊皇思想とその伝統』（『和辻哲郎全集』第一四巻、岩波書店、一九九〇年）
『続日本精神史研究』（『和辻哲郎全集』第四巻、岩波書店、一九八九年）

石井良助

『天皇――天皇の生成および不親政の伝統』（山川出版社、一九八二年。講談社学術文庫、二〇一一年）

三島由紀夫

「文化防衛論」（『文化防衛論』新潮社、一九六九年。ちくま文庫、二〇〇六年）
「学生とのティーチ・イン」（同右）

「『道義的革命』の論理」（同右）
「英霊の聲」（『英霊の聲』河出書房新社、一九六六年。河出文庫、二〇〇五年）

柳田国男

「大嘗祭より大饗まで」（佐伯有清『柳田国男と古代史』吉川弘文館、一九八八年）
「御大礼参列感話」（同右）
「稲の産屋」（『海上の道』筑摩書房、一九六一年。『定本柳田国男集』第一巻、筑摩書房、一九六三年）
「大礼の後」（『定本柳田国男集』第三〇巻、筑摩書房、一九六四年）
「大嘗祭ニ関スル所感」（『定本柳田国男集』第三一巻、筑摩書房、一九六四年）
「大嘗祭と国民」（同右）
「御発輦」（『定本柳田国男集』別巻二、筑摩書房、一九六四年）
「大嘗宮の御儀」（同右）

折口信夫

「大嘗祭の本義」（『古代研究・民俗学篇2』角川文庫、一九七五年）
「幻の「大嘗祭の本義」」（『マージナル』2号、現代書館、一九八八年）
「神道観の改革」（『折口信夫全集』ノート編追補第一巻、中央公論社、一九八七年）

その他

飛鳥井雅道『明治大帝』(筑摩書房、一九八九年。講談社学術文庫、二〇〇二年)
井上光貞『日本古代の王権と祭祀』(東京大学出版会、一九八四年)
岡田荘司「大嘗祭――〝真床覆衾〟論と寝座の意味」(『國學院雑誌』一九九〇年二月)
上川通夫「中世の即位儀礼と仏教」(岩井忠熊・岡田精司編『天皇代替り儀式の歴史的展開』柏書房、一九八九年)
中野好夫「一つの告白」(戦後日本思想大系1『戦後思想の出発』日高六郎編・解説、筑摩書房、一九六八年)
林房雄『天皇の起原』(浪曼、一九七四年。シーエイチシー、二〇〇六年)
福沢諭吉『帝室論』(『福沢諭吉全集』第五巻、岩波書店、一九五九年)
丸山真男「超国家主義の論理と心理」(『増補版　現代政治の思想と行動』未來社、一九六四年)
水林彪「幕藩体制における公儀と朝廷――統一権力形成期の天皇制復活の論理」(朝尾直弘ほか編『日本の社会史』第三巻、岩波書店、一九八七年)
ロラン・バルト／宗左近訳『表徴の帝国』(新潮社、一九七四年。ちくま学芸文庫、一九九六年)

補章収録に際しての追記

岡本太郎『沖縄文化論――忘れられた日本』（中央公論社、一九六一年。中公文庫、一九九六年）
小倉慈司、山口輝臣『天皇と宗教』（天皇の歴史9、講談社、二〇一一年。講談社学術文庫、二〇一八年）
竹内正浩『旅する天皇――平成30年間の旅の記録と秘話』（小学館、二〇一八年）
保阪正康、半藤一利、松本健一、原武史、冨森叡児『昭和――戦争と天皇と三島由紀夫』（朝日新聞社、二〇〇五年。『戦争と天皇と三島由紀夫』に改題し、朝日文庫、二〇〇八年）
吉田裕、瀬畑源、河西秀哉編『平成の天皇制とは何か――制度と個人のはざまで』（岩波書店、二〇一七年）
吉本隆明編集・解説『国家の思想』（戦後日本思想体系5、筑摩書房、一九六九年）

あとがき

はじめて天皇制について論じた『王と天皇』を上梓してから、二年数カ月をへて、その続編である『象徴天皇という物語』を公にすることになった。前著にたいしては、さまざまな方に批判と励ましをいただいた。前著は二カ月たらずで、半ば憑かれたように書き下ろしたものだった。憑きが去った瞬間から、それはなにより、わたし自身による批判的な読みの対象となった。わたしはもはや、(ひどく無責任な言い方だが)ひとりの読者にすぎない。

『王と天皇』以後、自著への批判をふくめ、わたしは象徴天皇制と大嘗祭に照準をしぼり、あらたなる天皇制論の地平をめざして歩をすすめてきた。その過程に、いくつかの雑誌に場を得て書き散らしてきた論考が、この『象徴天皇という物語』の出発点になっている。『世界』(一九八九・一〇、一九九〇・二、七)、『思想の科学』(一九八九・三)、『神奈川大学評論』(一九九〇・七)、『仏教』(一九八九・別冊2)が主な初出誌であるが、それぞれ大幅に改稿と補筆をほどこしており、また、この本のために書き下ろした数章と合わせて、実質的には書き下ろしに近いものになっている。雑誌掲載時にお世話になった編集者の方々、ことに、構想の段階からさまざまなヒントをいただいた元『世界』編集部の小熊英二氏に、慎んでお礼を申しあげたい。

今回もまた、一冊の著書に編みあげるに当たり、筑摩書房の井崎正敏氏の手を煩わせることになった。井崎氏のいつもながらの厳しく的確な批評の眼差しに、ときに奈落の底へ突き落とされ、ときにホロリと慰められ励まされながら、わたしは息切れしつつも、ようやくここまで辿り着くことができた。あらためて井崎氏に熱い感謝と、ささやかな敬意を表したいとおもう。

とにかく、わたし自身の天皇制をめぐる思索の現在における到達点が、この本であることは間違いない。ほぼ同時期に、吉本隆明氏との対談集『天皇制の基層』(作品社刊)が出る予定だが、この『象徴天皇という物語』には吉本氏との対談以後が盛りこまれていることを、お断りしておく。あわせてお読みいただければ幸いである。

わたしは依然として一人である。ひとりの田吾作として、さらに執念深く、みずからの穴だけを掘り続けようとおもう。

一九九〇年八月　虫の音《ね》を聴きながら

赤坂憲雄

ちくま学芸文庫版あとがき

その頃、わたしは三十代の半ばにさしかかったばかりだった。若さの無知ゆえにか、怖いもの知らずで、天皇制論や王権論に夢中になって取り組んでいた。いまにして思えば、冷や汗が出るような、まったくの綱渡りの連続だった。しかし、読み返してみると、奇妙なことだが、なかなかよくやっているな、という感想がまず起こる。

眼の前では、昭和天皇の死と葬儀、そして、新しい天皇への代替わりの即位儀礼といった大きなイベントが、次から次へと展開されていた。だから、許され、可能ともなった知の冒険やらアクロバットだったのだ、と思う。状況に背を向けるのではなく、状況に棹差して泳いでみること、そこから、未知なる光景が開けてくることがあると、身をもって知らされた。その、ささやかな所産として、『王と天皇』『象徴天皇という物語』『結社と王権』といった著書の群れがある。

いつしか、二十年近い歳月が過ぎている。いま、『象徴天皇という物語』がちくま学芸文庫の一冊となる。『結社と王権』(講談社学術文庫)に続く文庫化である。とてもうれしい。書いておいてよかった、と心の底から思う。とりわけ、この『象徴天皇という物語』は、いまのわたしには逆立ちしても書けない本である。

どれほど幼く、未成熟なものであっても、その年齢でなければなしえない仕事は、確実に存在する。若さゆえの無知や未熟を、いたずらに怖れる必要はない。居直る必要もない。とはいえ、わたしは知の成熟を信じてもいる。ひとつのテクストがこちらの年齢によって、しだいに姿を変えてゆくのを、幾度となく目撃してきた。脳みそに皺を刻みながら、年を取ることも楽しい。

この、ひっそりと忘れられてゆく運命にあった本に、あらたな命を吹き込んでくれた、ちくま学芸文庫編集部の町田さおりさんに、心からの感謝を。ありがとう。

二〇〇七年九月　夏の終わりに

赤坂憲雄

岩波現代文庫版あとがき

三十代なかばであった。昭和天皇の葬儀から明仁天皇の即位儀礼へとつらなる、ひとつの時代の終わりと始まりに立ち会いながら、書き継いでいった論考の群れがあった。それらを改稿し、大幅な増補のうえで一書に編み直したのがとりあえず、この『象徴天皇という物語』である。書名にはいくらかの異和感があったことを思いだす。しかし、いまとなっては、絶妙にはまっている気がしないでもない。この、いかにも地味にすぎる本が、だれによって、どのように読まれてきたのか、わたしはさだかには知らない。たくさん売れたという記憶もない。十七年ほどが経過して、ちくま学芸文庫に入れてもらったが、たぶん増刷されることなく、いつしか品切れになった。それを今回、岩波現代文庫の一冊に加えてもらえることになった。明仁天皇の退位とあらたな天皇の即位が重なる時期の刊行になったが、ほんとうはもっと早くに刊行の予定だったのが、遅れた。

思えば、わたしが三十代なかばに執筆した本はどれもこれも、内容がやけにむずかしい。この本も例外であるどころか、まさしく難解な内容で、いま依頼されてもとうてい書けるはずがないものばかりだ。現代文庫版への収録にあたって、わずかな字句の訂正のほかには、いっさい内容に手を入れていない。ほぼ三十年振りに、三十五枚ほどの論考「象徴天皇をめぐる祭祀のゆくえ」を書き下ろし、それを「補章」として加えて、これが実質的な「定本・象徴天皇という物語」になる。念のために言い添えておくが、いまの時点において、この「象徴天皇をめぐる祭祀のゆくえ」以外には、なにも語るべきことがない。この一篇を読んでいただければ、足りる。それにしても、三十年の歳月を隔てての文体の変わりようには、われながら驚きを覚える。文体はやさしくなったか、と思う。

さて、今回の現代文庫版についても、岩波書店編集部の渡部朝香さんのお世話になった。つつしんで感謝の思いを伝えたいと思う。それから、装丁の絵は義兄《あに》の堀浩哉による描き下ろしである。若き日の『異人論序説』と『境界の発生』に装画を描いてもらって以来のことで、格別な歓びがある。やはり、つつしんで感謝の思いを伝えさせていただく。

三島由紀夫が守ろうとした「言論の自由」のもとで、静かに、現実に根ざした対話が深められてゆくことを、心より願いながら。

二〇一九年二月二六日朝

赤坂憲雄

『象徴天皇という物語』は、一九九〇年に、ちくまライブラリーの一冊として刊行され、二〇〇七年に、ちくま学芸文庫に収録された（いずれも筑摩書房）。本書は、ちくま学芸文庫版を底本とし、書き下ろしの補章を加えた。

象徴天皇という物語

2019年4月16日　第1刷発行

著　者　赤坂憲雄《あかさかのりお》

発行者　岡本　厚

発行所　株式会社　岩波書店
〒101-8002 東京都千代田区一ツ橋2-5-5
案内 03-5210-4000　営業部 03-5210-4111
現代文庫編集部 03-5210-4136
https://www.iwanami.co.jp/

印刷・精興社　製本・中永製本

ISBN 978-4-00-600404-0　Printed in Japan

岩波現代文庫の発足に際して

新しい世紀が目前に迫っている。しかし二〇世紀は、戦争、貧困、差別と抑圧、民族間の憎悪等に対して本質的な解決策を見いだすことができなかったばかりか、文明の名による自然破壊は人類の存続を脅かすまでに拡大した。一方、第二次大戦後より半世紀余の間、ひたすら追い求めてきた物質的豊かさが必ずしも真の幸福に直結せず、むしろ社会のありかたを歪め、人間精神の荒廃をもたらすという逆説を、われわれは人類史上はじめて痛切に体験した。

それゆえ先人たちが第二次世界大戦後の諸問題といかに取り組み、思考し、解決を模索したかの軌跡を読みとくことは、今日の緊急の課題であるにとどまらず、将来にわたって必須の知的営為となるはずである。幸いわれわれの前には、この時代の様ざまな葛藤から生まれた、人文、社会、自然諸科学をはじめ、文学作品、ヒューマン・ドキュメントにいたる広範な分野のすぐれた成果の蓄積が存在する。

岩波現代文庫は、これらの学問的、文芸的な達成を、日本人の思索に切実な影響を与えた諸外国の著作とともに、厳選して収録し、次代に手渡していこうという目的をもって発刊される。いまや、次々に生起する大小の悲喜劇に対してわれわれは傍観者であることは許されない。一人ひとりが生活と思想を再構築すべき時である。

岩波現代文庫は、戦後日本人の知的自叙伝ともいうべき書物群であり、現状に甘んずることなく困難な事態に正対して、持続的に思考し、未来を拓こうとする同時代人の糧となるであろう。

（二〇〇〇年一月）